사무엘서 인생수업
다스림을 받아야 다스릴 수 있다

사무엘서 인생수업
다스림을 받아야 다스릴 수 있다

ⓒ 2017 정현구

1쇄 발행 2017년 12월 11일
2쇄 발행 2018년 10월 5일

지은이 정현구
펴낸이 이의현
펴낸곳 SFC출판부
등록 제 114-90-97178
주소 (06593) 서울특별시 서초구 고무래로 10-5 2층 SFC출판부
Tel (02)596-8493
Fax 0505-300-5437
홈페이지 www.sfcbooks.com
이메일 sfcbooks@sfcbooks.com

기획·편집 편집부
디자인편집 이새봄
영업마케팅 이정은
인쇄처 성광인쇄

ISBN 979-11-87942-19-1 03230

값 12,000원

잘못 만들어진 책은 언제든지 교환해 드립니다.

사무엘서 인생수업

다스림을 받아야 다스릴 수 있다

Life lessons in the Books of Samuel

정현구 지음

SFC

추천의 글

깊이 있는 성경 이해, 적절한 예화와 인용, 시적인 감수성, 간결하고 정제된 표현으로 사무엘 상하를 살아 숨 쉬는 오늘의 이야기로 제시해 준다. 사울과 다윗의 성공과 실패를 현실감 있게 분석하여 오늘의 정치적, 영적 지도자들은 물론 모두에게 매우 소중한 행동 지침이 되게 한다. 재미있으면서도 유익한 책이라 적극 추천한다.

손봉호(서울대 명예교수)

글을 읽는 내내 은혜와 도전을 받았다. 문서화된 설교는 생기가 빠진 글이 되기 쉬운데 여기 실린 설교에서는 여전히 살아 펄떡이는 영성의 숨결과 진리의 힘이 느껴진다. 그것은 성경말씀에 충실한 강해와 현실에 대한 깊은 목회적인 안목이 한데 어우러져 빚어낸 품격 있는 설교의 힘일 것이다. 한편 한편의 설교에서 거대한 서사시처럼 전개되는 문장의 수려함과 아득한 과거의 이야기를 오늘을 사는 우리 현실에 적실한 메시지로 환원하는 탁월함이 돋보인다. 저자는 사무엘서를 "오늘의 무너진 시대를 회복시키는 길을 알려 주는 안내서가 되고, 힐링을 필요로 하는 마음이 무너진 이들에게 회복의 방법을 알려 주는 지침서"라고 했는데, 그의 설교가 그 사실을 증명해 준다.

박영돈(고려신학대학원 교의학 교수)

이 책은 사무엘서를 창세기 1장 26절에서 28절까지의 문화 창조 명령, 즉 인간의 왕적 사명 강령과 베드로전서 2장 5절부터 9절까지를 바탕으로 일이관지로 풀어쓴 설교적 강해서다. 저자는 인간은 하나님의 대리통치자이며 그리스도인이 아담의 실패한 땅 통치 사명을 회복한 왕 같은 제사장이라는 관점에서, 인간이 하나님의 본래적 사명을 잘 수행하려면 어떻게 해야 하는가를 탐색한다. 저자는 사무엘서를 읽으면서 하나님의 다스림을 먼저 받은 자가 하나님의 뜻으로 다스리는 자가 될 수 있다는 간결한 메시지를 도출한다. 사무엘서의 여러 등장인물들 중에서 다윗의 생애를 통해 이 간결한 원칙을 다채롭게 예증하고 예해한다.

이 책은 사무엘서의 모든 단락이나 구절에 대한 등비례 원칙으로 주석이나 강해 분량을 할애하지는 않았으나, 사무엘서의 메시지를 크리스천 독자들에게 살아 있는 메시지로 재생시키는 데 성공하고 있다. 이 책은 비단 그리스도인들을 겨냥한 책이 아니다. 자신의 인생을 진지하게 설계하고 의미 있게 살아 보려는 모든 사람들에게 유익한 성경적 통찰과 신앙 인물들의 생생한 간증들이 책의 갈피갈피에 실려 있다. 저자의 일관된 관심은 정량이 넘는 피로로 비틀거리며 하나님 백성의 정체성을 잘 지키지도 못하는 그리스도인들을 사무엘서의 메시지에 기대어 소성시키고 활성화시키는 데 있다. 이 책 여기저기서 목회자만의 안목이 퍼 올린 통찰과 권면이 독자들의 마음을 어루만진다. 사무엘서의 영성 단련 효능을 잘 보여 주는 이 책이 지치고 곤비한 독자들의 꾸준한 행보를 지탱시켜 줄 것이다.

김회권(숭실대 기독교학과 교수)

나는 정현구 목사님을 생각하면 기분이 좋아진다. 그는 나의 귀한 후배요 우리의 자랑이다. 나는 그가 저술한 책들을 좋아한다. 그의 글은 따뜻하고 겸손하면서도 내용이 깊고 고상하다. 이 책도 그렇다. 설교집이라기보다 아름다운 수상록이다. 읽고 있으면 은혜가 되고 기쁨이 잠잠히 다가온다.

정주채(향상교회 은퇴목사)

정현구 목사님의 애틋한 신앙과 진솔한 마음을 알기에 이 책을 읽으며 서너 번 흐르는 눈물을 주체할 수 없었습니다. 사무엘서가 이토록 흥미진진한 것도 놀라웠지만, 다양한 예화와 아름다운 시들로 문학적으로도 훌륭한 가치가 있는 한 권의 책이기도 합니다. 무엇보다 사울처럼 다스림을 받지 못한 자는 결코 남을 다스릴 수 없기에, 때로는 환경이 힘들더라도 매일 하나님의 통치를 받는다면 우리는 다윗처럼 가정과 사회에서 잘 다스리는 자로 승리할 수 있을 것입니다. 사사시대만큼이나 혼란한 요즈음 사무엘처럼 외치는 정 목사님의 외침 속에서 미세한 주님의 음성을 들을 수 있으리라 확신하며 일독을 권합니다.

박상은(샘병원 대표원장, 아프리카미래재단 대표)

정현구 목사님의 문장은 짧지만 주는 여운은 길다. 쉽게 읽히지만 내용은 깊다. 과거의 이스라엘을 다루고 있지만 마치 신문을 읽는 것처럼 느끼게 한다. 읽고 나면 글이 머리에 남을 뿐 아니라 가슴을 두드리고 일어서게 만든다. 늘 그렇다. 이 책에서도 그 글의 힘을 충분히 느낄 수 있다. 혼란스러운 시대에 혼란의 이유를 알기 원한다면, 그리고 하나님의 부르심을 받은 우리의 사명을 알기 원한다면, 정현구 목사님의 이 책을 일독하시기를 감히 추천하는 바이다.

김 신(대법관)

목차

추천의 글   5
들어가면서   11

1부. 하나님의 다스림을 받는 사람   15

애통을 넣어 찬양으로   17
말씀의 등불을 켜라   33
하나님의 이름을 함부로 불렀다   49
누가 우리를 다스리는가   65

2부. 삶의 땅을 다스리는 사람   83

다스림을 받아야 다스릴 수 있다   85
순종이 제사보다 낫다   103
하나님께서는 이런 사람을 찾으신다   119
이런 친구가 되라   131
마음의 계절   147
내려갈 때 보이는 것이 있다   163
이상과 현실 사이에서   181

3부. 왕 같은 제사장으로 사는 사람   197

모래를 품어야 진주가 된다   199
자기를 넘어서야 역사를 만들 수 있다   217
가장 중요한 것을 놓치지 말라   235
언제나 사랑이 정답이다   253
칼의 나라 vs. 제사장 나라   271

들어가면서

세상살이가 그 어느 때보다 복잡하고 힘들다. 이렇게 삶이 힘들어지는 이유가 여럿 있지만, 그 핵심적 이유는 다름이 아닌 바로 사람이다. 사람 때문에 사람 살기가 힘든 세상이 되었다는 것은 참 슬픈 일이다. 하지만 이것이 우리가 사는 세상과 삶의 실상이다. 이런 저런 노력을 다해 보지만, 결국 답은 사람이다. 사람답게 살아가는 사람들이 생겨나는 것 외에는 사실상 해답은 없다.

사람답게 산다는 것은 여러 가지로 해석할 수 있다. 그러나 그 진짜 의미는 하나님께서 창조하신 본래의 모습을 회복한다는 말이다. 성경은 사람을 사람답게 회복시키시는 하나님의 이야기다. 우리가 이 험한 세상을 살다가 죽은 후에 천국에 가는 것이 하나님께서 주시는 구원의 전부가 아니다. 인간이 하나님의 그 형상으로 창조된 의미를 깨닫고, 이 땅에서 그분을 닮은 모습으로 살다가 하나님 나라로 가는 것이 구원이다.

그러면 인간이 닮은 하나님의 형상이란 어떠한 것인가? 인간 창조에 관한 성경 말씀은 이렇다. "하나님이 이르시되 우리의 형상을 따라 우리의 모양대로 우리가 사람을 만들고 그들로 바다의 물고기와 하늘의 새와 가축과 온 땅과 땅에 기는 모든 것을 다스리게 하자 하시고 창세기 1장 26절 이 구절에서 가장 중요한 것은 "다스리게 하자"라는 말이다. 하나님께서는 인간을 하나님을 대신하여 세상을 다스리게 하려고 창조하셨다는 말이다. 그러므로 인간은 하나님의 '대리통치자'가 되는 셈이다.

낯설게 들릴지 모르지만 이것이 성경의 증언이다. '대리통치자'란 왕이신 하나님께서 창조하신 피조물들을 맡아 '다스려야' 할 부왕副王같은 것이다. 그런데 '다스리다'라는 말을 오해해서는 안 된다. 그것은 하나님께서 맡기신 권세를 자기 탐욕을 채우기 위해 사용하면서 다른 존재를 누르고 지배하는 것이 결코 아니다. 반대로 다스림을 받는 대상이 '살도록' 돕고 섬기는 것이다. 그는 이웃과 피조물들을 그 본래의 생명답게 살도록 도와야 하는 사명을 받았는데, 이것을 위해 필수적인 것은 그가 왕이신 하나님의 다스림을 받는 것이다. 하나님 아닌 것에 굴복하거나 우상에게 절하며 살아서는 안 된다.

성경 속에 이런 모습을 잘 드러낸 인물이 있을까? 바로 다윗왕이 있다. 그는 실수도 많았고 죄도 지었지만, 우리들이 어떻게 왕의 직임을 잘 감당할 수 있는지를 보여 준 인물이다. 그가 그렇게 될 수 있었던 비결이 있다. 그는 '다스림을 받아 다스린 것'

이다. 그는 한 나라의 왕이었지만, 자신이 온 우주의 왕이신 하나님의 다스림을 받아야 하는 종임을 잊지 않았다. 이것이 중요하다. 그는 먼저 다스림을 받았던 것이다. 먼저 하나님의 다스림을 받는 자로서 그는 맡겨진 삶의 영역을 주님의 뜻대로 다스렸다. 이것이 다윗을 위대한 왕으로 만든 핵심이며, 왕 같은 존재로 살아가야 할 우리의 삶의 원리이다.

오늘날 현대인들은 누구에게도 복종하지 않는 자유자처럼 산다. 마치 스스로 '왕 노릇 한다'고 할까. 그런데 자기가 사실은 자아와 탐욕과 감정과 세상에 끌려다니는 종으로 산다는 것을 모른다. 하나님이 아닌 우상을 숭배하고 있다는 것도 제대로 깨닫지 못한다. 그러다 보니 자기도 제대로 살지 못하고, 함께 살아가는 이웃과 다른 생명을 살리지도 못한다. 가정이나 일터에서 어떤 직책이나 위치에 있든지, 누구에게나 그곳에서 다스릴 수 있는 고유한 영역이 있다. 그곳에서 먼저 하나님의 다스림을 받고 살면 그는 주어진 삶의 각 영역에서 사람들과 삶을 살린다. 다스림 받는 자로서 살아가는 삶이 남을 살리는 삶이 되는 것이다.

우리 시대는 다윗왕 같은 존재를 찾는다. 하나님의 다스림을 받아 주어진 삶의 영역을 하나님의 뜻대로 다스리는 그런 사람 말이다. 다윗의 이야기는 이 시대에 왕 같은 하나님의 사람으로 살아가라고 우리를 부르시는 하나님의 부르심이다.

일러두기: 이 책에서 성경 구절을 인용할 때는 대한성서공회 개역개정판에서 주로 인용했으며, 다른 성경에서 인용한 경우에는 출처를 따로 표시했습니다.

1부 / 하나님의 다스림을 받는 사람

Life lessons in the Books of Samuel

애통을 넘어 찬양으로
(사무엘상 1장 1~18절)

힐링의 시대

언제부터인가 '힐링'이라는 말이 일상적인 용어가 되었다. 그 이유는 현대인의 모습이 겉으로는 발전되고 부유하게 사는 것처럼 보이지만, 실제로 그 마음은 아프고 병들었기 때문일 것이다. 겉으로는 웃지만 속으로는 조용한 흐느낌이 있다. 이 때문에 여기저기 '힐링' 프로그램들이 많이 생겨났지만 대부분 심리적인 위로를 잠시 주는 것에 그친다. 참된 '힐링'은 마음의 표면만을 어루만지는 것으로는 충분치 않다.

그들의 마음의 병은 대부분 그들이 맺는 삶의 관계들에서 생긴 문제에서 비롯된 것이다. 그렇게 왜곡된 삶의 관계들이 구조화되어 병든 사회가 아픈 마음을 재생산한다. 그러므로 진정한 '힐링'을 위해서는 보다 근본적인 원인을 찾아야 한다. 그렇지 않은 해결책은 피상적일 수밖에 없다. 이 시대의 무너진 마음들을 세우기 위해서는 우리는 보다 근본적인 원인을 주목해야 한다.

사무엘서는 마음이 아픈 한 여인의 이야기로 시작한다. 그녀는 엘가나라는 사람의 부인인 한나이다. 한나는 일찍이 가문이 좋은 집에 며느리로 들어갔다. "에브라임 산지 라마다임소빔에 에브라임 사람 엘가나라 하는 사람이 있었으니 그는 여로함의 아들이요 엘리후의 손자요 도후의 증손이요 숩의 현손이더라"사무엘상 1장 1절 그녀가 시집간 가문을 장황하게 소개하는 것은 그 가문이 이름난 가문이었음을 보여 준다. 당연히 여느 가문보다 대를 이을 자손에 관한 기대가 컸을 것이다. 하지만 한나는 자녀를 낳지 못했다. 이런 상황에서 그녀는 죄인처럼 되어 매일같이 마음이 무너져 내려야 했다.

결국 남편은 자녀를 얻기 위해 둘째 부인을 두었다. 그녀는 이 사실을 받아들이지 않을 수 없었다. 하지만 둘째 부인이 아이를 낳게 되자 상황은 더욱 심각해졌다. 자녀가 없는 설움에다 자녀를 얻은 두 번째 부인의 멸시까지 더해지니 한나의 고통은 한없이 가중될 수밖에 없었다. 주변 사람들에게도 그녀에게 자녀가 없다는 사실이 큰 약점으로 보였다. 이를 알아차린 남편이 그녀를 위로하려고 했지만, 남편의 몇 마디 위로가 그녀의 마음을 풀어 줄 수는 없었다.

사무엘서는 이스라엘이라는 나라가 사사시대를 지나 왕정시대로 옮겨 가던 과도기를 그린 역사책이다. 그런데 이 역사책이 불임으로 고통받는 한 여인의 이야기로 시작한다. 한 민족의 서사를 한 여인의 고통의 이야기로 시작하는 것이 참 흥미롭다. 사무엘서의 저자는 불임으로 말미암은 이 여인의 고통의 이야기가 그 시대의 현실을 보여 주기에 너무나 적실한 상징이라고 판단했던 것이다. 그런 점에서 사무엘서 이야기 속으로 들어가려면 '한나의 이야기'라는 문을 반드시 통과해야 한다. 그녀의 이야기는 그 시대의 문제와 고통을 들여다보고 그 해답을 탐색하는 하나의 렌즈가 된다.

고통이 인도하는 곳

한나 이야기의 배경은 사사시대 말기이다. 사사시대는 출애굽한 이스라엘 백성이 가나안 땅에 정착한 다음 열두지파 연맹체로 존재했던 약 300년의 기간이다. 그때는 중앙집권적 왕이 없었고 그때그때 필요에 따라 사사라는 지도자가 등장해서 문제를 해결해 갔다.

하나님께서 약속하신 가나안에 정착한 이스라엘은, 그 땅의 토착문화에 흡수되지 않고 하나님 백성의 정체성을 유지하면서 말씀에 기초한 대안문화를 이루며 살아가야 했다. 하지만 시간이 지나면서, 그들은 땅은 차지했을지언정 그 삶은 가나안 토착문화에 잠식되어 갔다. 이스라엘 공동체 내에서 여러 문제들이 터져 나왔고, 열두지파들의 공동체적 연대감은 약해졌으며, 사소한 일로 다툼이 발생하면서 관계에 금이 가고 있었다. 도덕적 혼탁과 영적 타락이 두드러지게 불거졌다. 엘리라는 제사장이 있었지만 영적 지도력을 전혀 발휘하지 못했다. 그의 지도력은 성전에서 불경한 행동을 예사롭게 행하는 두 아들도 제어할 수 없는 정도로 심히 무력해진 상태였다.

실로 그 시대는 무너져 내리는 벼랑 끝으로 향하고 있었다. 이스라엘은 하나님의 백성다운 열매를 전혀 맺지 못하고 있었다. 그들은 불임 상태의 여성처럼, 하나님의 뜻대로 살아가는 하나님의 자녀들을 한 명도 잉태하지 못하고 있었던 것이다. 이런 점에서 한나는 그 당시 이스라엘을 보여 주는 한 편의 그림이었다.

그렇게 보면 우리 시대도 이를 닮았다. 사람들의 마음이 여기저기서 조용히 무너지고 있다. 삶을 지탱하는 도덕적 정신적 보루가 허물어지고 있다. 이 시대를 살아가는 인간들의 아픔과 타락한 사회의 구조가 서로 톱니바퀴처럼 맞물려 돌아가면서 고통을 자아내고 있다. 이런 시대 속에서 우리는 무엇을 어떻게 해야 하는가? 이런 우리의 질문이 곧 사사시대 말기를 살았던 그 당시 사람들의 질문이었다. 사무엘서는 바로 이 문제를 다루고 있다. 어쩌면 이 질문은 모든 시대의 고민일 것이다. 어떻게 사람들의 무너진 마음을 회복하고, 어떻게 공정하고 평화로운 사회를 만들 것인가?

이런 문제의식이 강할수록 그 문제를 풀 수 있는 지도자를 고대하게 되어 있다. 사사시대도 이런 난제를 풀 수 있는 이상적인 왕의 등장을 고대하게 만들었다. 사무엘서는 바로 그 왕을 우리에게 소개한다. 그가 바로 다윗이다. 사무엘서는 무너진 마음과 시대를 고치는 왕은 어떤 존재가 되어야 하는지를 다윗을 통해 보여 준다. 그리고 이 책을 읽는 후대의 독자들에게는 다윗왕과 같이 시대의 문제를 풀 수 있는 참된 왕이 누구인지를 생각하게 한다.

이제 우리는 그 참된 왕이 누구인지를 안다. 그분께서는 모든 시대와 상황을 살아가는 인간들의 마음을 온전히 회복시키고 세상을 변화시킬 수 있는 진정한 왕, 예수 그리스도이시다. 한나의 이야기는 지금으로부터 약 삼천 년 전의 이야기지만, 그런 면에서 오늘의 무너진 시대를 회복시키는 길을 알려 주는 안내서가 되고, 힐링을 필요로 하는 마음이 무너진 이들에게 회복의 방법을 알려 주는 지침서가 된다.

한나의 이야기를 본격적으로 들여다보자. 자녀가 없었던 한나의 속마음을 남편이 어느 정도나 알았을까? 모든 사람들이 그녀를 멸시하는 것 같았지만 그래도 남편은 그녀를 위로해 주려고 했다. 하지만 두 명의 부인이 존재하는 가정의 구조 안에서 남편의 위로가 온전한 답이 될 수는 없었다. 첫째 부인을 위한 남편의 행동은 오히려 부인들 사이의 갈등을 증폭시킬 뿐이었다. 남편이 없을 때면 자녀가 있는 둘째 부인 브닌나가 자녀가 없는 한나의 약점을 들추면서 고통을 주는 일이 반복되고 있었다.

이런 일상 중에도, 절기가 되면 남편은 매년 온 가족을 데리고 성막이 있는 실로에 올라가 제사를 드렸다. 이때도 남편은 한나를 위로한답시고 브닌나가 보는 앞에서 한나에게 먹을 것을 두 배로 주었다. 그의 마음은 이해하겠지만, 얼마나 지혜롭지 못한 행동인가! 결국 남편의 이런 행동은 브닌나의 질투심을 더 일으켰고, 또 한나는 자녀가 없다는 자신의 약점을 떠올리며 마음이 더 괴로웠다. 가슴이 북받친 그녀는 아무것도 먹지 못할 정도였다. "매년 한나가 여호와의 집에 올라갈 때마다 남편이 그같이 하매 브닌나가 그를 격분시키므로 그가 울고 먹지 아니하니"사무엘상 1장 7절 이를 본 남편이 그녀를 위로했지만, 한나에게는 위로가 될 수 없었다. "한나여 어찌하여 울며 어찌하여 먹지 아니하며 어찌하여 그대의 마음이 슬프냐 내가 그대에게 열 아들보다 낫지 아니하냐"사무엘상 1장 8절 이런 일이 연례행사처럼 반복되었다.

그런데 이번에는 한나가 다르게 행동하기로 결심한다. 고통과 슬픔의 마음을 안고 울며 집으로 돌아가는 대신 성막 앞으로 향했던 것이다. 그리고 그곳에서 자신의 마음을 하나님 앞에 내놓기로 한다. 그녀의 극심한 마음의 고통이 그녀를 성막 앞으로 이끌었던 것이다.

마음을 쏟아 놓는 기도

그녀는 슬픔을 가득 담고 성막 앞에 엎드렸다. 그러자 마치 저수지 수문이 열린 것처럼 마음에 담겼던 온갖 고통과 안타까움이 통곡으로 터져 나왔다. "한나가 마음이 괴로워서 여호와께 기도하고 통곡하며"사무엘상 1장 10절 이렇게 시작된 그녀의 기도는 끝날 줄 모르고 계속되었는데, 이 모습을 성막 입구에서 본 엘리 제사장이 그녀에게 다가가 이렇게 말했다. "네가 언제까지 취하여 있겠느냐 포도주를 끊으라"사무엘상 1장 14절 괴로움으로 가득 찬 한 여인의 기도를 술주정으로 여긴 것이다. 지도자가 한 인간의 내면의 사정을 이토록 알지 못했다. 이런 공감의 능력을 상실한 사람들이 우리 주위에 얼마나 많은가? 그것이 바로 우리의 모습은 아닌가!

이런 엘리에게 그녀는 자신의 형편을 이렇게 설명한다. "내 주여 그렇지 아니하니이다 나는 마음이 슬픈 여자라 포도주나 독주를 마신 것이 아니요 여호와 앞에 내 심정을 통한 것뿐이오니"사무엘상 1장 15절 자신이 얼마나 마음이 슬프고 고통스러운지,

기도 속에서 자신의 마음을 어떻게 하나님 앞에 쏟아 놓았는지, 그리고 하나님께서 자신을 알아 주심을 깨닫고 얼마나 감사의 눈물을 흘렸는지를 말했다. 당시 성막에서의 기도는 대부분 엄숙한 제의 순서를 따른 기도였지만, 그녀의 기도는 그 예식의 차원을 넘은 영혼을 담은 기도였다. 저수지가 완전히 배수되어 땅바닥이 드러나듯이 자기를 통째로 쏟아낸 기도였다. 바로 그런 기도가 하나님께 통하는 기도가 된 것이다. 이후부터 한나의 문제는 끝이 보이는 것 같았다. 기도가 열리면 문제 해결의 실마리가 보이는 것이다.

사사시대는 정치적 사회적 문제들이 너무 많았다. 그런데 그 모든 문제들을 자세히 들여다보면 그 핵심 원인은 사람들이 하나님을 온전히 찾지 않기 때문이었다. 성소를 찾아가기는 했지만 각각 자기 소견대로 살아갈 뿐이었고, 기도한다고 했지만 그냥 제의를 따르는 것으로 그쳤다. 사실 오늘 우리에게도 이런 모습이 있다. 교회에 나온다고 하지만 하나님을 찾는 간절한 마음이 없다. 기도를 한다고 하지만 남이 하는 기도를 수동적으로 듣는 것에 그친다. 자기 목소리로 기도한다고 해도 진실한 마음이 그 속에 담기지 않는다. 진심이 담기지 않은 종교적 형식들이 문제를 풀 수 없는 것은 당연하다.

그러나 한나는 하나님을 온전히 찾기로 결단했다. 하나님의 말씀을 자신을 향한 말씀으로 듣고 진심을 다해 하나님께 기도하며 하나님과 소통하기로 한 것이다. 이것이 사사시대의 엉킨 타래를 푸는 시작이었고, 우리가 사는 지금에도 마찬가지다. 마음을 다하여 하나님을 찾기로 결단하는 것에서부터 해답이 시작된다. 적당한 종교 생활에 머무르지 말고 진심으로 하나님을 구해야 한다. 짧은 시간 큐티를 하는 동안에도 하나님의 음성을 듣겠다는 결심으로 마음을 담으면 오늘 나를 향한 하나님의 말씀을 들을 수 있다. 구원은 은혜로 주시는 것이지만, 예배와 묵상과 기도가 진심을 담아야 하나님과 통하게 된다는 것도 사실이다. 하나님께서는 그런 사람을 만나려고 언제나 준비하고 계신다. 여기에 회복이 있는 것이다.

한나가 마음을 다 쏟아서 기도했을 때, 그녀의 마음이 하나님의 마음과 맞닿게 되었다. 하나님께서 그녀의 마음을 아셨을 뿐 아니라 그녀 역시 하나님의 마음을 알게 되었다는 말이다. 여기서 중요한 것은 마음을 모아 하나님을 향했던 한나의 기도는 그녀 개인의 문제를 넘어 그녀가 사는 시대를 향한 하나님의 마음으로까지 확장되었다는 것이다. 기도에 대한 하나님의 응답은 그 개인의 문제만 해결하는 것으로 그치지 않는다. 개인의 문제가 그가 속한 시대의 고통과 회복과 연결되어 있음을 보게 한다. 나아가 개인 문제가 해결되는 일을 공동체를 회복시키는 하나님의 도구가 되게 한다. 기도에는 그런 공공성이 있다.

한나가 드린 서원 기도가 이 점을 확인해 준다. 그녀는 아들을 주시면 그 아들을 하나님께 드리겠다고 약속했다. 이 서원은 하나님과의 거래가 아니었다. 그녀는 기도를 통해 하나님의 마음과 시대를 향한 하나님의 뜻을 깨달았고, 그래서 아들을 나실인으로 바치기로 서원한 것이다. 나실인은 일정 기간 동안 자신을 하나님께 온전히 바치기로 한 사람, 또는 부모를 통해 평생을 하나님께 바치게 된 사람을 일컫는다. 원래 제사장이 되거나 성전 직무를 수행할 수 있는 자격은 레위지파 사람에게만 있었다. 하지만 레위지파가 아니더라도 하나님께 자신을 헌신하여 성전 직무에 참여할 수 있도록 한 것이 나실인 제도이다.

이 제도는 이스라엘의 가나안화, 그 사회의 타락과 세속화를 막는 데 그 목적이 있었다. 실제 이 제도를 통해 성직자로 헌신한 이들은 이스라엘 백성들이 순수한 하나님 신앙을 지키고 바알 종교의 확산을 저지하는 데 큰 도움이 되었다. 그런데 사사시대 말기는 그런 사람들이 사라진 시대였다. 하나님의 뜻과 마음을 아는 사람이 없었고 안다고 해도 순종하는 이들은 거의 없었다. 이러한 때에 하나님께서는 나실인으로 자신을 드리는 사람을 기다리고 계셨고, 이런 하나님의 마음을 알게 된 한나는 자신의 아들을 바치기로 서약한 것이다.

우리가 주목해야 하는 것은 한나의 기도가 브닌나를 향한 개인적인 한풀이를 넘어섰다는 것이다. 자신의 문제로 기도를 시작했지만 나중에는 그것을 극복한 것이다. 처음에 그녀는 자신의 불임과 고통이라는 개인적 상황을 생각하며 울었지만, 하나님께서는 약속의 자녀들이 한결같이 가나안 문화에 순응하면서 정복당하는 상황을 보게 하신 것이다. 의로운 이들의 태는 마르고 불의한 자들의 태는 열려 세상은 더욱 혼탁해지지만, 무너진 시대를 일으켜 세울 의로운 인맥이 전혀 형성되고 있지 못하는 시대적 불임 상황이었다.

이것을 본 그녀는 자신의 불임을 넘어 시대의 불임으로 말미암은 고통을 함께 겪게 되었다. 포도주와 독주가 유행하고 가나안식 단발머리가 유행하던 시기에, 그녀는 하나님을 향한 신앙을 보존하고 부흥시킬 사명자로 자신의 아들을 바치겠다고 서원한 것이다. 이런 그녀의 서원은 그녀가 오랫동안 이 시대의 문제가 무엇인지, 하나님께서 원하시는 것이 무엇인지를 많이 생각했다는 것을 엿보게 해 준다.

하나님의 뜻을 찾는 기도

기도할 때 우리는 보통 우리의 뜻을 이루어 달라고 기도한다. 내 필요를 두고 기도한다. 그러나 기도가 개인적 관심을 넘어 하나님의 뜻을 구할 때 진정한 회복이 주어진다. 자녀를 위해 기도할 때 단순히 그가 잘되게 해달라는 기도를 넘어, 그 자녀를 통해서 이 시대를 새롭게 하는 하나님의 뜻이 이루어지기를 기도해야 한다. 그 아이가 세상에 정복당하지 않는 약속의 백성으로 살아감으로써 그를 통해 이 시대의 한 귀퉁이라도 회복되는 일이 일어나도록 기도해야 한다. 이런 기도가 하나님과 마음이 통하는 기도가 되는 것이다.

사업이 잘되게 해 달라고 기도할 때도 단순히 사업만 위해서 기도하지 말고, 사업을 통해 하나님의 뜻을 깨닫고 그것을 행할 수 있도록 기도해야 한다. 뭔가 조건을 걸고 흥정하듯이 하는 것이 아니라 이 시대를 향한 하나님의 마음을 품고 기도해야 한다. 교회를 위해서 기도할 때도 우리 교회의 현안이나 성장을 위해 기도할 뿐만 아니라, 그 기도의 응답을 통해 시대를 향한 하나님의 마음과 뜻이 이루어지도록 기도해야 한다. 다윗이 그랬다. 하나님을 온전히 찾고 그 뜻을 구했기에 그는 하나님의 뜻이 이루어지는 시대를 세우게 되었다.

하나님께서는 한나의 기도를 기뻐하시고 응답하셨다. 아이가 태어나자 한나는 아이의 이름을 사무엘이라고 짓는다. 이 이름은 '구하다'라는 뜻의 '샤알'과 '하나님'이라는 뜻의 '엘'이 합쳐진 것이라고 볼 수 있다. 혹은 '이름'이라는 뜻의 '셈'과 하나님이라는 뜻의 '엘'이 합쳐진 이름으로, '그분의 이름은 엘이다'라는 뜻으로 볼 수도 있다. 어느 쪽이든 간에, 한나는 하나님께서 자신의 간구에 응답하셨다는 의미로 아이의 이름을 사무엘이라 지은 것이다.

그리고 한나는 이 아들을 약 삼 년간 젖을 먹이며 키우다가, 아들을 바치기로 한 서원을 지키기 위해 성전을 찾아가 아이를 바친다. "이 아이를 위하여 내가 기도하였더니 내가 구하여 기도한 바를 여호와께서 내게 허락하신지라 그러므로 나도 그를 여호와께 드리되 그의 평생을 여호와께 드리나이다 하고 그가 거기서 여호와께 경배하니라" 사무엘상 1장 27, 28절 삼 년간 품에서 젖을 먹이며 키운 아들을 성전에 두고 돌아서는 한나의 마음이 어떠했을까? 그때의 마음을 담은 기도문이 사무엘상 2장에 기록되어 있다. 그토록 기다렸던 아들, 기적으로 얻은 그 아들과 이별하는 슬픔이 왜 없겠는가? 그러나 삼 년 전 통곡하며 애가를 불렀던 그녀는 그 자리에서 이제 찬가를 부른다. 이것은 그녀의 무너진 마음이 회복되었다는 증거다. 어떻게 그렇게 된 것일까?

마침내 찬가를 부를 것이다

그것은 그녀가 사무엘을 얻고 또 다시 바치는 일을 통해 하나님께서 어떤 분이신지를 깨달았기 때문이다. 그녀는 움직일 수 없는 산과 같은 현실로 보였던 불임도, 흔히 말하는 '운명'이라는 것도, 하나님께서 개입하시면 해결된다는 것을 발견한 것이다. 그러자 마음에 소망이 흘러넘치게 되었다. 이제 그녀는 불임의 사사시대를 회복의 시대로 만드실 하나님을 믿고 소망할 수 있게 된 것이다. 사사시대 말기는 매우 어두웠고 역사는 제 맘대로 굴러가는 것같이 보였지만, 한나는 하나님께서 역사를 만들어가시는 분이심을 확신하게 되었다.

아들을 주신 하나님으로 말미암아 자신의 슬픈 애가가 소망의 찬가로 바뀐 것처럼, 자신이 하나님께 바친 아들을 통해 고통의 시대가 찬미의 시대로 바뀔 것을 소망하게 되었다. 이러한 그녀의 모습은 얼마나 아름다운가! 그런 소망이 솟아올랐기에 그녀는 아들을 성전에 두고 오면서도 이런 희망의 찬가를 부른다. "여호와는 가난하게도 하시고 부하게도 하시며 낮추기도 하시고 높이기도 하시는도다" 사무엘상 2장 6절 하나님의 절대적인 주권을 깨달았기에 그녀는 어두운 시대를 위해 하나님께서 보내 주실 왕을 꿈꾸며 이렇게 노래한다. "여호와께서 땅 끝까지 심판을 내리시고 자기 왕에게 힘을 주시며 자기의 기름 부음을 받은 자의 뿔을 높이시리로다" 사무엘상 2장 10절

이렇게 하나님을 통해 소망을 찾을 때 무너진 마음이, 시대가 회복된다. 한나는 막연한 바람을 가진 것이 아니었다. 하나님의

신실함에 근거한 소망을 가지게 된 그녀는 애가를 부르던 사람에서 찬가를 부르는 사람이 되었다.

그리고 이 찬가 속에 담긴 소망이 실제 역사 속에서 이루어지게 되었다. 하나님께서 그녀의 아들의 손으로 다윗에게 기름을 부어 왕으로 세우신 것이다. 그렇게 세워진 왕 다윗을 통해 사사시대의 위기가 극복되었고, 그의 후손으로 메시아께서 세상에 오시게 되었다. 메시아이신 예수님께서 오시자, 마음이 무너지고 삶이 무너진 수많은 사람들이 그분을 통해 진정한 구원을 얻게 되었다. 한나가 찬가의 노래를 부른 지 약 천 년이 지난 후, 마리아가 천사로부터 수태고지受胎告知, 아이를 가졌음을 알림를 듣고 부른 노래가 한나의 노래와 비슷하다는 사실은 우연이 아니었다. 마리아는 세상에 구원을 가져올 자기 태 속의 아이에 관한 즐거운 노래를 불렀는데, 이것이 누가복음에 나오는 '마리아 찬가'누가복음 1장 46~56절이다.

우리도 지금 사사시대 후기와 같은 세상을 산다. 많은 이들이 너무 힘들어 애가를 부른다. 미래의 희망을 찾기 힘든 현실이 계속 애가를 부르게 만들지 않는가? 그렇다고 늘 애가만 부르고 있을 수는 없다. 애가를 만드는 현실에 안주하고 있을 수도 없다. 한나를 기억해 보자. 그녀의 애가가 어떻게 찬가로 바뀌게 되었는가? 그녀처럼 우리도 하나님을 마음을 다해 찾고 그분의 뜻을 구하면, 애가를 불렀던 우리들의 입에서도 결국 찬가가 나오게 될 것이다.

말씀의 등불을 켜라
(사무엘상 3장 1~10절)

두 사람 이야기

2013년도에 우리의 관심을 끌었던 두 명의 대통령이 있었다. 한 사람은 7월 18일에 95세 생일을 맞이한 남아프리카 공화국 전 대통령 만델라 Nelson Rolihlahla Mandela이다. 만델라는 남아공의 흑백차별이라는 오랜 숙제를 풀기 위해서 투쟁하다가 27년간 수감되었다. 출소 이후 그는 남아공 최초의 흑인 대통령이 되었고, 마침내 고질적인 인종차별을 해소해 냈다. 그는 이 문제를 풀면서 백인들에게 보복할 수도 있었지만, 관용의 정신으로 그들을 받아들였다. 지상에서 실현될 수 없으리라 여겨졌던 용서와 화해의 나라가 건설된 것이다.

그의 생일을 축하하기 위해서 프랑스에서는 에펠탑에 남아공 국기 색깔의 조명을 비추었고, 미국 뉴욕의 타임스퀘어에서도 만델라의 생일을 축하하는 메시지가 전광판에 게시되었다. UN은 2009년에 그의 생일을 '넬슨 만델라의 날'로 정했는데, 이날

다섯 번째 '넬슨 만델라의 날'을 맞아 당시 UN 사무총장이었던 반기문이 유엔 본부에서 기념 연설을 했다. 그는 만델라가 '우리 시대의 거인'이며 '전 세계가 존경하는 지도자'라고 치하했다. 남아공의 온 국민들이 95세가 된 이 노인의 생일을 기뻐했음은 말할 것도 없다. 남아공에서는 만델라의 생일을 공휴일로 제정하려는 움직임이 있었는데, 만델라는 '내 생일을 공휴일로 정하지 말고 각자가 속한 공동체의 여건을 개선하기 위해 노력하는 날이 되기를 바란다'고 밝히기도 했다.

세계적으로 이런 뉴스가 나올 때, 우리나라에서는 전두환 전 대통령에 관한 뉴스가 보도되었다. 그가 숨겨 둔 불법 비자금을 찾아내기 위해서 검찰이 그의 자택과 자녀들의 회사와 사무실을 압수수색했다는 것과, 끝까지 국민을 기만하고 우롱하는 그의 태도에 수많은 국민들이 분노하고 있다는 내용이었다. 만델라와 대조적으로 전두환 전 대통령은 광주 민주화운동 때 수많은 사람을 죽음으로 몰아넣었다. 그리고 삼청교육대라는 기관을 만들어 당시 사회 질서를 문란하게 하는 사람들을 붙잡아 법과 상식과 양심의 소리를 듣는 사람으로 바꾸는 '인간 개조'를 하겠다고 했다. 그런데 지나고 보니 그런 교육을 시킨 당사자가 누구보다 더 그런 교육을 받아야 할 사람이었다.

한 사람은 타협하면 고난을 피할 수 있다고 유혹하는 제안들을 모두 거절하고 오랜 시간 수감 생활을 하면서까지 가야 할 길을 갔다. 그런데 또 한 사람은 자신이 저질렀던 잘못을 참회할 시간이 매우 충분했지만 한 번도 그런 모습을 보인 적이 없다. 가만히 생각해 본다. 무엇이 이 두 사람을 이렇게 다르게 만들었을까?

마음의 등불

두 사람의 성장 배경이 달랐기 때문일까? 두 나라가 처한 상황이 달랐기 때문일까? 물론 그런 요인들도 영향을 미쳤을 것이다. 하지만 두 사람의 삶을 현저하게 다르게 만든 주된 요인은 '밖의 요인'보다 오히려 '안의 요인'인 것 같다.

한 사람은 감옥에서 27년을 지내는 동안 계속해서 불어온 유혹과 압제의 바람에도 불구하고 마음속에 켜진 정의의 등불과 용서의 등불을 꺼뜨리지 않고 있었다. 그런데 다른 한 사람은 진작부터 그런 등불을 꺼버리고, 양심의 가책도 느끼지도 않고 어두운 욕망에 끌려다녔다. 두 사람을 이끌어 간 생각과 가치는 무엇이었는가? 그들 속에 정의와 양심의 등불이 켜져 있었는가, 아닌가. 이것이 두 사람의 삶을 이처럼 다르게 만든 핵심이다.

건강한 생각과 가치관을 가지고 살았느냐, 또 어떻게 그것을 강화시켜 나갔느냐 하는 것이 한 개인에게 매우 중요하고 결정적이다. 그렇게 하는 사람은 마침내 그 가치의 열매를 맺는 경우가 많다. 이것은 공동체와 나라도 마찬가지다. 그 나라의 보편적 다수가 건강한 가치관을 가지고 있으면 그 사회가 건강하고, 그렇지 않고 이기적이고 투기적이 되면 삶이 흉흉해진다.

성경에 이런 말씀이 있다. "묵시가 없으면 백성이 방자히 행하거니와 율법을 지키는 자는 복이 있느니라"잠언 29장 18절 묵시는 계시요, 그 시대에 주시는 하나님의 말씀이다. 묵시가 없다는 것은 곧 마음속에 말씀의 등불이 꺼져 있다는 뜻이다. 건강한 가치관이나 양심의 등불이 꺼져 있었다는 말이다. 그러면 방자하게 행하게 된다.

우리가 읽고 있는 사무엘서 이야기의 배경시대는 사사시대주전 1400~1100년 무렵인데, 그때가 바로 그랬다. 사사시대란 이스라엘이 출애굽하여 홍해를 건너 광야를 지나 가나안 땅에 들어온 이후 약 300년의 시기인데, 이 시기를 사사기는 이렇게 요약한다. "그 때에는 이스라엘에 왕이 없었으므로 사람마다 자기 소견에 옳은 대로 행하였더라"사사기 17장 6절 즉 그들에게 묵시가 없었다는 말이다. 또 사무엘상은 이렇게 요약한다. "여호와의 말씀이 희귀하여 이상이 흔히 보이지 않았더라"사무엘상 3장 1절 말씀의 등불이 꺼졌다는 것이다.

이렇게 말씀이 희귀하게 되면 실제로 백성이 방자하게 행하게 된다. 마음속의 등불이 꺼지면 국가와 개인의 삶에 어둠이 임하는 것이다. 사사시대에 그런 현상이 일어났다. 사사기 후반부에 보면 무질서, 책임유기, 양심과 도덕의 실종, 극단적 폭력과 엽기적 사건들이 일어났다는 내용이 기록되어 있다. 사사시대를 배경으로 하는 사무엘상 2장을 보면 또 다른 심각한 모습이 소개된다. 거룩한 성소에서 일어난 일이다.

당시 제사장은 엘리였는데, 그에게는 홉니와 비느하스라는 두 명의 아들이 있었다. 백성들이 제사를 드리고 나면 그 드린 제물을 삶는데, 이 두 아들은 정해진 규례레위기 7장 31~35절를 어기고 미리 갈고리를 가지고 가서 자기가 원하는 대로 그 고기를 건져내 갔다. 나중에는 이에 만족하지 못하고 아예 하나님께 제사를 드리기도 전에 제물 중에서 맛있는 부위를 요구하여 잘라 갔다. 마치 헌금함에 손을 넣어 제멋대로 헌금을 빼 가는 것과 같았다.

그런데 이것이 전부가 아니었다. 이들이 성막 문 앞에서 도저히 행할 수 없는 일을 한다. 일찍이 성막 문 앞은 모세가 백성들을 불러 모아서 하나님의 음성을 들었던 곳이다. 그런데 바로 이곳에서 엘리의 두 아들이 성막에서 봉사하는 여인들과 부도덕한 관계를 갖는다. 이 일은 당시 그 지역의 이방 종교들이 흔히 행하던 행습을 따른 것이다.

결국 하나님께서 심판을 선언하신다. "나를 존중히 여기는 자를 내가 존중히 여기고 나를 멸시하는 자를 내가 경멸하리라"사무엘상 2장 30절 하나님을 멸시하는 그들을 하나님께서도 경멸하시겠다는 것이다. 선언에 이어 심판의 내용이 나온다. 엘리 가문에는 노인이 없을 것이며, 홉니와 비느하스는 한날에 죽게 될 것이다사무엘상 2장 34절. 아론 가문의 제사장이 엘리를 끝으로 끊어지게 되리라는 것이다.

등불이 꺼지면

엘리의 아들들이 왜 여기까지 이르게 되었는가? 12절 말씀을 보자. "엘리의 아들들은 행실이 나빴다. 그들은 주님을 무시하였다. 제사장이 백성에게 지켜야 하는 규정이 있었는데, 그들은 그것도 무시하였다."사무엘상 2장 12, 13절, 새번역 먼저 그들은 주님을 무시했다. 하나님께서 보고 계신다는 의식이 아예 없었다. 하나님께서 계신다고 생각했다면 그렇게 행했을 리가 없다.

동양과 서양의 문화를 비교하여 연구한 결과물이 많이 나와 있는데, 동서양 문화가 각각 장단점이 있지만 정직함에서는 서양이 동양보다 낫다는 주장이 있다. 오랜 기독교 문명의 영향으로 서양에는 하나님께서 보고 계신다는 의식이 그래도 살아 있기 때문이라고 한다. 하나님께서 계신다고 생각하는 것과 계시지 않는다고 생각하는 것은 행동에 많은 차이를 낳는다. 홉니와 비느하스는 하나님께 제사를 드리면서도 마음대로 행하고 제사 규정을 무시했는데, 하나님을 경외하는 마음과 주님께서 보고 계신다는 생각이 없었기 때문이다.

그들은 "아버지의 말을 듣지 아니하였"다 사무엘상 2장 25절. 거듭되는 무시와 불순종으로, 아버지의 입으로 전해진 하나님의 경고를 들을 수 있는 감각 자체를 잃어버렸기 때문이다. 당연히 그들은 자기 마음대로 행하게 되었다. 이는 로마서 말씀을 떠올리게 한다. "그들이 마음에 하나님 두기를 싫어하매 하나님께서 그들을 그 상실한 마음대로 내버려 두사 합당하지 못한 일을 하게 하셨으니" 로마서 1장 28절 마음에 하나님을 모시기를 싫어하면 하나님을 상실한 마음을 따라 행동하게 되고, 그 결과 합당하지 못한 일을 하게 된다. 이처럼 묵시가 없으면 방자하게 행하게 되고, 마음속에서 등불이 꺼지면 어둠에 속한 일을 하게 되는 것이다.

오늘 우리 사회에서도 하나님을 두려워하는 생각이 점점 약화되면서 타인을 비인격적으로 대하는 경우가 많아지게 되었다. '이렇게 하면 천벌 받지'라는 생각마저 사라진 사회는 남에게 해 끼치는 것을 예사롭게 여기는 살벌한 세상이 된다. 그러므로 교회는 하나님을 두려워하는 모습으로 사회의 귀감이 되어야 한다.

가정도 마찬가지다. 결혼을 앞둔 예비부부들이 찾아올 때면 늘 결혼식이 아니라 결혼을 준비하라고 이야기해 준다. 결혼을 준비하기 위해서는 가정에 관한 성경적 생각과 관점을 세워야 한다. 그렇지 않으면 남편과 아내는 각각 자기 소견에 옳은 대로 주장하게 된다. 이처럼 나라에나 교회에나 가정에나 다 같이 말씀의 등불이 켜져 있어야 한다.

말씀을 듣는 사람

우리는 포스트모던 시대를 살고 있다. 이 시대의 특징은 상대주의이다. 자기에게 좋은 것이 곧 진리로 여겨진다. 사사시대처럼 '각자 좋을 대로' 행한다. 이런 시대가 하나님께는 무슨 의미가 있을까? 성경 말씀에 주목해 보자. "하나님의 등불은 아직 꺼지지 아니하였으며" 사무엘상 3장 3절 하나님께서는 등불을 아직 끄지 않으셨다. 사사시대의 세상에는 암흑이 가득했지만 주님의 성소에는 등불이 켜져 있었다. 이 등불이 성소에서 아직 꺼지지 않았기에 희망이 남아 있었던 것이다.

세상이 아무리 어두워도 성소에서만큼은 진리의 말씀인 하나님의 등불이 꺼지지 않아야 한다. 성소에서 하나님의 등불이 꺼지지 않아야 하는 것처럼, 사람들의 성소인 내면에서도 그래야 한다. 예수님께서는 '귀 있는 자는 들으라'는 말씀을 자주 하셨다. 하나님의 말씀을 들을 때 그것을 마음속에 등불로 켜 놓으라는 말씀이다. 그런 사람이 세상의 빛이 될 것이다. 하나님께서는 우리 모두가 그런 사람이 되기를 원하신다.

어린 사무엘이 그랬다. 사무엘은 성막에서 자랐다. 어떻게 자랐는지 보자. "아이 사무엘이 점점 자라매 여호와와 사람들에게 은총을 더욱 받더라"사무엘상 2장 26절 그는 하나님의 은총을 점점 더 풍성히 받는 존재였다. 하나님의 말씀을 더 깊이 알아 가며 더 넓게 순종하는 영적 존재가 되어 간 것이다. 동시에 그는 사람들에게도 은총을 받았다. 자라면서 사람과의 관계가 발달되며 성숙한 사회적 존재가 되어 갔다는 말이다. 그의 인격에서는 하나님과의 관계와 사람들과의 관계가 발전하며 통합되어 갔다. 사람의 말도 듣지만, 하나님의 말씀을 듣는 인격으로 형성되어 갔던 것이다.

어느 날 어린 사무엘은 성막에서 자다가 자기를 부르는 소리를 들었다. 그는 제사장 엘리가 자신을 부르는 줄로 알고 엘리를 찾아갔다. 하지만 엘리가 부른 것이 아니었다. 다시 돌아가서 잠들었는데, 다시 음성이 들렸다. 또 다시 엘리에게 가니 이번에도 엘리가 부른 것이 아니었다. 이런 일이 세 번이나 있자 엘리는 그 부름이 하나님께서 부르시는 것인 줄 깨닫고, 사무엘에게 다시 한 번 그 부르심을 들으면 "여호와여 말씀하옵소서 주의 종이 듣겠나이다"사무엘상 3장 9절라고 답할 것을 가르친다. 이처럼 사무엘의 마음에는 등불이 켜져 있었다. 그는 엘리의 두 아들과 대조적으로 말씀을 듣는 사람으로 자랐던 것이다. 하나님께서는 이렇게 자기 속에 말씀의 등불을 켜 둔 사무엘을 그 시대의 어둠을 밝히는 등불로 삼으셨다.

만델라 어록을 보면 정말 멋진 명언들이 많다. 그것은 좋은 말과 고상한 생각이 그의 마음속에서 등불처럼 빛나고 있었다는 것을 증명한다. 그것이 그를 지켜냈고, 그를 남과 다르게 만들었던 것이다. 그가 이런 말을 했다. "나는 일생 백인이 지배하는 사회에도 흑인이 지배하는 사회에도 맞서 싸웠다. 모든 사람이 평등한 기회를 갖고 함께 살아가는 사회를 건설하고자 했다. 필요하다면 그런 소망을 위해 죽을 준비가 되어 있다." 얼마나 귀한 생각인가! 자기 속에서 바른 전망의 불꽃을 평생 꺼지지 않게 하자, 결국 그는 시대가 가장 필요로 하던 용서와 화해의 일을 이루게 된 것이다.

지금도 말씀하신다

하나님께서는 우리가 말씀이라는 하나님의 등불을 켜고 다니기를 원하신다. 그럴 때 우리가 삶의 어둠을 밝히는 하나님의 도구가 되는 것이다. 성경에서 하나님에 관해 가르치는 가장 중요한 진리는, 하나님께서는 말씀하시는 분이시라는 것이다. 창세기는 하나님께서 말씀으로 세상을 존재케 하셨다고 강조한다. 세상의 원재료는 물질이 아니었다. 창조 때부터 말씀하신 하나님께서는 예수님을 보내셨는데, 요한은 그 예수님께서 '말씀'이시라고 고백한다. 이 말씀은 귀로 들리기만 하는 말씀이 아니라 우리의 눈으로 보이는 말씀이고, 우리의 손으로 만져지는 말씀이다.

성경의 모든 쪽마다 하나님께서 말씀하신다는 문장으로 가득 차 있다. 이렇게 하나님께서는 말씀하시는 분이시다. 그런데 하나님께서는 말씀하실 때 인류 전체를 향하여 추상적으로 말씀하시지 않으신다. 아브람에게, 모세에게, 이사야에게 각각 말씀하셨지, 인류 전체를 향하여 막연히 말씀하지 않으셨다. 하나님께서는 지금도 성경 말씀을 통해서 각 개인에게 말씀하시는 분이시다.

이렇게 하나님께서는 말씀을 주시는데, 그 말씀을 듣고 개인적으로 결단하며 응답하는 것을 두고 인격적으로 하나님을 만났다고 말한다. 예배시간에 설교를 여러 사람이 다 같이 듣지만, 하나님께서는 각각의 개인에게 다른 깨달음을 주신다. 동일한 본문으로 큐티를 하더라도 그 내용을 통해 각자에게 주시는 깨달음이 다르다. 오늘 이 시간, 나에게 다가오는 그 말씀을 붙잡아야 한다. 그것이 내 마음의 등불을 켜는 것이고, 이것이 등불이 꺼지지 않도록 계속 기름을 공급하는 길이다.

이렇게 자기에게 주어지는 말씀을 붙잡을 때, 그 말씀이 길을 비추는 등불이 되고 그 길을 가게 하는 힘이 된다. 마음의 어둠을 물리치고 하나님의 역사를 이루는 힘이 된다. 바울 사도가 그랬다. 그가 다메섹으로 가는 길에서 주님을 만났을 때, 주님께서는 그에게 개인적으로 이렇게 말씀하셨다. "내가 너를 이방의 빛으로 삼아 너로 땅 끝까지 구원하게 하리라" 사도행전 13장 47절 이 말씀의 등불이 한 번도 그의 가슴에서 꺼진 적이 없다. 결국 그는 위대한 이방인의 사도가 되었다.

아우구스티누스Augustinus는 방탕하게 살던 어느 날, 밀라노에 머물다가 주교 함부로스의 설교를 듣고 강력한 감동을 받아 성경을 펼쳐 읽었다. 그때 이런 말씀이 그에게 주어졌다. "낮에와 같이 단정히 행하고 방탕하거나 술 취하지 말며 음란하거나 호색하지 말며 다투거나 시기하지 말고 오직 주 예수 그리스도로 옷 입고 정욕을 위하여 육신의 일을 도모하지 말라" 로마서 13장 13, 14절 이 말씀이 그의 어두운 삶과 어두운 중세를 밝히는 등불이 되었다.

조니 에릭슨 타다Joni Eareckson Tada라는 여성이 있다. 그녀는 열일곱 살에 고등학교를 갓 졸업하고 대학 입학을 앞두고 있었다. 스포츠를 좋아하는 평범한 소녀였던 그녀는 어느 날 다이빙을 하던 중에 사고를 당해 전신이 마비된다. 이때 많은 친구들이 찾아와서 조니에게 성경 구절을 읽어 주었다. 그때 그녀의 마음을 울린 한 구절이 있었다. "우리가 알거니와 하나님을 사랑하는 자 곧 그의 뜻대로 부르심을 입은 자들에게는 모든 것이 합력하여 선을 이루느니라"로마서 8장 28절 이 말씀을 듣고 그녀는 소망을 가지게 되었다. 그때부터 그녀는 입으로 펜을 물고 그림을 그리기 시작했다. 그리고 '조니와 친구들Joni and Friends'이라는 단체를 설립해 장애인이 꿈을 이루도록 돕는 일을 해 왔다. 그녀는 결혼하여 행복한 가정을 이루고 지금도 수많은 장애인을 돕고 있다. 이런 그녀의 일생은 영화로 만들어지기도 했다.

분명한 점 하나는 이 시대가 사무엘이 살았던 시대와 비슷하다는 것이다. 우리의 시대는 밝은 것 같지만 어둡다. 네온사인이 24시간 불을 밝힐수록 사람들의 마음은 더 어둡다. 사람들의 가슴속에 켜져 있어야 할 하나님의 등불이 꺼져 있기 때문이다. 인터넷을 켜면 수많은 설교들을 들을 수 있다. 그러나 듣지만 묵상하지 않고, 그래서 내게 주시는 말씀을 붙잡지 못하는 경우가 많다. 그런 점에서 역설적으로 말씀이 희귀한 시대이다. 성전에 등불이 켜져 있었던 것처럼 우리 마음의 성소에도 말씀의 등불을 켜야 한다.

하나님께서는 사사시대 말기에 사무엘을 세우셨던 것처럼 이 시대에도 우리를 말씀의 등불을 마음에 켠 사무엘로 세우기를 바라신다. 교회, 가정, 직장에서도 하나님의 말씀의 등불을 자기 속에 늘 켜고 다니는 사무엘과 같은 사람이 필요하다. 그는 자기 소견이나 자기 열심이 아니라, 말씀에 대한 바른 이해와 바른 열심을 품는 사람이다.

복 있는 사람

시편 1편은 복 있는 사람에 관한 내용이다. 어떤 사람을 복 있는 사람이라고 하는가? "복 있는 사람은 악인들의 꾀를 따르지 아니하며 죄인들의 길에 서지 아니하며 오만한 자들의 자리에 앉지 아니하고 오직 여호와의 율법을 즐거워하여 그의 율법을 주야로 묵상하는도다" 시편 1편 1, 2절 시편은 말씀의 등불을 자기 속에서 꺼뜨리지 않는 사람, 말씀의 등불이 자기 속에서 타고 있는 사람을 복 있는 사람이라고 정의한다. 왜냐하면 하나님께서 그와 함께 계시고, 하나님께서 그를 통해서 일하시기 때문이다.

또 하나님께서 "너는 마음을 다하고 뜻을 다하고 힘을 다하여 네 하나님 여호와를 사랑하라" 신명기 6장 5절라고 가르치셨다는 것을 기억해야 한다. 여기서 마음을 다하여 사랑한다는 것은 지극 정성으로 사랑하는 것이다. 하나님의 뜻과 말씀을 제대로 바르게 알기 위해 시간과 노력을 들여 헌신하는 것이 하나님을 사랑하는 길이다.

오늘날 우리의 삶은 스트레스로 꽉 차 있다. 관계의 망이 더욱 촘촘해지면서 많은 사람들의 시선을 의식하게 되었다. 복잡한 사회 안에서 불투명해진 미래는 우리의 불안을 가중시킨다. 디지털 시대의 변화 속도는 우리를 어지럽게 만든다. 이런 현대인에게 가장 필요한 것이 무엇일까? 어떤 사람은 좀 느리게 걸으며 '웰리빙'을 실천하라고 한다. 지혜를 배우고 여행을 가라고 한다.

다 맞는 이야기이다. 그러나 가슴속에 말씀이라는 하나님의 등불이 꺼져 있으면 소용이 없다. 하나님의 등불이 가슴의 성소에 켜져 있게 해야 한다. 매일 한마디라도 내 가슴에 다가오는 말씀이 있게 해야 한다. 그 말씀이 빛이 되고 힘이 되게 해야 한다. 그러면 서 있는 그 자리가 어떠한 형편이든지, 어떤 상황이든지 우리가 한 사람의 사무엘이 되는 것이다. 그리고 우리를 통해서 가정과 직장과 삶에서 하나님께서 새로운 역사를 일으켜 주시는 것이다.

🐑 하나님의 이름을 함부로 불렀다
(사무엘상 4장 1~11절)

바로 알고 믿어야

하나님을 믿는 삶에서 제일 중요한 것이 무엇일까? 어떤 이는 열심히 봉사하는 것이라고, 어떤 이는 뜨겁게 믿는 것이라고 할 것이다. 둘 다 필요하다. 그러나 더 중요한 것은 바르게 믿는 것이다. 하나님께서 어떤 분이신지 바로 알지 못하고 믿는다면 어떻게 되겠는가? 목적지를 향하여 간다면서 바른 방향이 아닌 잘못된 방향으로 열심히 부지런히 가면 어떻게 되겠는가? 예수님께서는 "영생은 곧 유일하신 참 하나님과 그가 보내신 자 예수 그리스도를 아는 것"요한복음 17장 3절이라고 말씀하셨다. 신앙에서 중요한 것은 예수 그리스도를 통해서 참 하나님을 바르게 아는 것이라고 가르치신 것이다.

종교개혁자 칼빈도 『기독교 강요』에서 신앙을 통해서 우리가 추구해야 할 것은 두 가지라고 했다. "하나는 하나님에 관한 지식이요 다른 하나는 우리 자신에 관한 지식이다."『기독교 강요』1장 하나님을 바로 알아야 자신을 바로 알게 되고, 또 자신이 얼마나 유한하며 얼마나 큰 죄인인지를 알아야 하나님을 바로 알게 된다는 것이다. 열심히, 뜨겁게 믿어야 하지만 바르게 믿어야 한다. 그래야 신앙의 목적지에 바로 이르게 된다.

하나님의 이름을 함부로 부르지 말라

사무엘상의 배경시대인 사사시대는 '여호와의 말씀이 희귀하여 이상이 흔히 보이지 않았던' 시대였다 사무엘상 3장 1절. 말씀이 희귀했다는 것은 곧 하나님에 대해 잘 몰랐다는 뜻이다. 백성들의 불순종과 죄악이 하나님을 침묵하시게 했고, 그 결과 그들은 미신과 어둠에 더 깊이 빠져들게 되었다. 하나님을 바르게 믿지 못함으로써 많은 문제가 야기되었다.

아직 엘리가 제사장으로 있었을 때였다. 성막에서 자라난 사무엘은 점점 백성들에 대한 지도력을 조금씩 확보해 가고 있었다. 그러던 어느 날 지중해 평야 지대에 거주하던 블레셋 민족이 이스라엘을 침략했다. 이들은 해양 민족의 후예로서 새로운 거주지를 찾고 있다가, 이스라엘이 거하던 산간 지역을 넘보게 된 것이다. 블레셋의 선제공격으로 이스라엘은 사천 명가량이 전사하고 크게 패하게 된다.

그러자 이스라엘 지도자들이 모여서 방안을 강구하다가 묘안을 낸다. 성소에 있는 하나님의 언약궤를 가져다가 군대 앞에서 행진케 하자는 것이다. 언약궤는 나무로 만들어 금으로 입히고 뚜껑에는 날개 달린 천사가 마주보고 있도록 한 직사각형 모양의 상자이다. 이 안에 하나님과의 언약 문서이자 율법인 십계명이 담겼다고 해서 언약궤 또는 법궤라고 부른다. 이것은 원래 성막의 지성소에 놓이는 지극히 거룩한 성물이다. 그들이 이런 생각을 한 것은 모세가 광야에서 전쟁을 할 때 민수기 10장 35, 36절, 또 여호수아가 여리고성을 돌 때 여호수아 6장 언약궤가 함께 있어서 승리했던 역사가 있었기 때문이다.

이것을 좋은 방법이라고 생각한 지도자들은 바로 성소에서 언약궤를 가져온다. 그리고 이 언약궤를 들고 전쟁터에 나간다. 언약궤 속에 하나님의 초자연적 능력이 담겨 있다고 생각하고, 언약궤만 가지고 가면 반드시 전쟁에서 이길 수 있다고 확신했기 때문이다. 엘리 제사장의 두 아들 홉니와 비느하스가 언약궤를 가지고 전쟁터로 갔고, 이 언약궤가 도착하자 이스라엘 군사들이 땅이 울릴 정도로 환호성을 질렀다 사무엘상 4장 5절.

이 소리가 얼마나 컸던지, 산 너머 블레셋 사람들은 언약궤가 이스라엘 진영에 들어온 것을 알고 갑자기 사기가 뚝 떨어지게 되었다. 두려움에 사로잡힌 그들은 이렇게 말했다. "우리에게 화로다 누가 우리를 이 능한 신들의 손에서 건지리요 그들은 광야에서 여러 가지 재앙으로 애굽인을 친 신들이니라" 사무엘상 4장 8절 그들은 일찍이 여러 재앙으로 애굽인을 친 이스라엘 신의 명성을 알고 있었던 것이다.

그러자 그들 중의 장수 하나가 이렇게 말했다. '너희가 히브리 사람의 종이 되려느냐? 대장부같이 되어 싸우자!' 이 말에 다시 힘을 낸 그들은 죽을 각오로 이스라엘과 싸우기로 결정한다. 그러자 조금 전까지 기세등등했던 이스라엘 군대가 오히려 패배하여 도망하고 말았고, 홉니와 비느하스는 전사했으며, 하나님의 언약궤는 빼앗기게 되었다. 그리고 이 소식을 들은 엘리 제사장은 의자에서 넘어져 죽고 말았다.

이전에 모세와 여호수아는 언약궤와 함께 전진하며 전쟁에서 이겼다. 그러나 이들은 언약궤를 앞세웠는데도 졌다. 왜 그랬을까? 언약궤의 효력이 없어진 것일까? 아니면 이들이 하나님을 잘못 알았기 때문일까?

비인격적 힘이 아니다

1981년에 제작된 스티븐 스필버그 Steven Spielberg 감독의 '잃어버린 언약궤의 추적자들 Raiders of the Lost Ark', 일명 「레이더스」라는 영화가 있다. 그 영화를 보면 언약궤 자체가 어떤 신비한 힘이 있는 특별한 물건으로 나온다. 그러나 이것은 언약궤를 성경을 근거로 이해한 것이 아니다. 이런 생각에는 무슨 문제가 있을까?

원래 언약궤는 하나님의 '이동용 보좌'를 상징하는 것이다. 그 의자에 하나님께서 앉아 계시면 그분의 통치로 반드시 이기겠지만, 하나님께서 앉아 계시지 않으시면 언약궤는 그냥 빈 의자에 불과하다. 언약궤 자체가 아니라 언약궤 위에 앉아 계신 하나님을 보는 것이 중요하다. 언약궤 자체가 무슨 힘이 있는 특별한 물건이 아니라, 언약궤 위에 앉아 계신 하나님께서 능력이 있으신 것이다. 언약궤는 그 속에 언약문서인 십계명이 들어 있는데, 이것은 하나님의 백성으로서 언약을 지켜 그분을 신뢰하며 그분께 순종하는 것이 중요하다는 뜻이다. 언약궤를 소유하는 일이 중요한 것이 아니라, 언약궤에 앉으신 하나님과 바른 관계를 이루는 일이 중요하다.

하지만 이스라엘 군사들은 그렇게 생각하지 못했다. 성전에서 일한다고 하면서 하나님을 조금도 존중하지 않았던 홉니와 비느하스처럼, 그들은 언약궤를 갖고 있기만 하면 언약궤의 하나님께서 알라딘 램프의 요정처럼 나와서 자동적으로 싸워 주신다고 여겼던 것이다. 그들은 하나님을 그들이 필요할 때 사용할 수 있는 어떤 비장의 무기로, 어떤 초자연적인 힘으로 간주할 뿐, 하나님을 인격적으로 순종하고 경외해야 할 분으로 알지 못했다. 그만큼 그 시대는 하나님에 대한 지식에 어두웠다. 유진 피터슨Eugene H. Peterson 목사의 말처럼 '인격적인 하나님이 비인격적인 힘으로 격하'된 것이다. 지금 우리 시대는 하나님을 어떻게 이해하고 있는가?

이들이 하나님을 잘못 알고 있었음을 보여 주는 부분이 또 있다. "여호와의 언약궤를 실로에서 우리에게로 가져다가 우리 중에 있게 하여 그것으로 우리를 우리 원수들의 손에서 구원하게 하자"사무엘상 4장 3하반절 이 부분을 자세히 보면 이들은 "우리를 우리 원수들의 손에서 구원하게 하자"라고 하는데, 여기서 "구원하게 하자"라는 표현은 문법상으로 '사역형'이다. 즉 '사람이 하나님을 시켜서' 자기들을 구출하게 만들자는 것이다.

그렇다면 누가 주인이고 누가 종인가? 누가 명령하고 누가 명령을 받는 것인가? 하나님께서 인간에게 명령하시는 것인가, 인간이 하나님께 명령하는 것인가? 이 표현은 그들이 하나님을 순종의 대상이 아니라 이용의 대상으로 봤다는 명백한 증거다. 언약궤를 전쟁터에 가져오는 것은 매우 경건한 모습처럼 보였지만, 사실 그들은 하나님을 믿었던 것이 아니다.

우리에게는 이런 경우가 없을까? 만약 어떤 목회자가 목회를 하는 진짜 목적이 자신이 얼마나 대단한 존재인지를 과시하고 자기 영광을 드러내어 명예를 드높이고자 하는 것이라면 어떻게 될까? 그는 열심히 찬양하고 열심히 기도할 것이다. 겉으로는 하나님을 굉장히 믿는 것 같다. 그러나 사실 그는 개인적인 목적을 위해 하나님을 도구로 삼는 것이다. 겉으로는 성공적인 목회를 하는 것 같지만, 사실상 자기가 주인이고 하나님께서는 종이 되신 것이다.

실제로 이런 경우가 있기 때문에 예수님께서는 이런 경고를 하셨다. "나더러 주여 주여 하는 자마다 다 천국에 들어갈 것이 아니요 다만 하늘에 계신 내 아버지의 뜻대로 행하는 자라야 들어가리라" 마태복음 7장 21절 비록 '주여, 주여' 하며 선지자 노릇을 했다고 해도, 자신이 주인이 되어 하나님을 이용하려고 했다면 그는 하나님을 제대로 믿은 것이 아니라는 것이다.

우리는 교회에서 어떤 모임을 준비할 때면 열심히 프로그램을 준비하고 악기와 음악도 준비한다. 그런데 탁월한 프로그램과 악기 연주자가 준비되면 하나님의 은혜가 임하는 것은 따 놓은 당상이라 여기는 경우가 있다. 그렇다면 우리는 하나님을 그런 형식과 수단만 있으면 자동적으로 찾아오는 어떤 비인격적 힘으로 여기는 것이다. 찬양대가 찬양을 할 때 음악적 기교나 연주 실력만 있으면 저절로 은혜가 있을 것이라고 생각한다면, 하나님을 인격적인 분으로 여기는 것이 아니다. 우리는 예배를 위해 좋은 수단을 찾아야 하고 잘 준비해야 하지만, 무엇보다 하나님과의 관계를 바르게 하기 위해서 기도하는 것이 더 우선임을 알아야 한다.

기도도 그렇다. 기도에 응답받는 법칙을 가르치는 설교가 종종 있다. 긍정적인 사고방식을 가지면 무조건 이루어진다고 가르치기도 한다. 이 역시 하나님을 정해진 법칙에 따라 작동하는 비인격적 힘으로 여기는 것이다. 우리는 우리의 마음을 다 아시고 우리의 이야기를 들으시는 인격적 하나님 앞에 서 있다는 경외감을 품고 하나님께 나아가야 한다. 문제는 기술이나 기교가 아니라 진심이다.

그래서 우리는 하나님의 능력도 구해야 하지만, 하나님 앞에서 바른 태도와 관계를 더 우선적으로 추구해야 한다. 하나님께서 능력으로 응답해 주시는 것만이 아니라, 하나님의 뜻에 내가 순종하게 되는 것도 구해야 한다. 그것이 하나님을 비인격적 힘으로 여기지 않고 거룩한 인격으로 바로 알고 믿는 것이다. 우리는 거룩한 하나님 앞에 서 있다는 점을 꾸준히 상기하는 경건한 경외심을 품도록 노력해야 한다.

'과거에 이렇게 했을 때 하나님께서 은혜를 주시더라. 그러니 이렇게 하면 이번에도 잘 되겠지' 하는 태도도 옳지 않다. 하나님께서는 인격이시므로 주권이 있으신 자유로운 존재자이시다. 그러므로 다만 하나님께서 자비를 베풀어 주시기를 바라며 그분

앞으로 나아갈 수 있을 뿐이다. 1907년의 평양대부흥 백 주년을 기념하여 큰 집회를 가지며 그렇게 하면 다시 그때처럼 부흥을 주실 것이라고 여겼던 것도, 하나님을 인간의 법칙에 가두었던 것이다. 우리는 인격적인 하나님 앞에 서 있다는 것을 늘 생각해야 한다.

우상은 무너진다

다시 성경 본문으로 돌아오면, 이스라엘은 전쟁에서 처참하게 패하고 블레셋은 의기양양하게 언약궤를 가지고 갔다. 블레셋 사람들은 그 언약궤를 다곤 신전에 갖다 둔다. 언약궤가 그들의 신전에 포로로 붙잡힌 셈이다. 고대 근동에서는 전쟁에 이기면 패한 나라의 신상을 그들의 신 옆에 갖다 두는 관습이 있었다. 그렇게 함으로써 자기 신의 강력함을 과시하려 했다. 그리고 그들이 믿는 신의 힘에다가 붙잡아 온 신의 힘을 더함으로써 그들에게 더 큰 힘이 주어진다고 여겼다. 그들이 활용할 수 있는 신적 능력이 더 커졌다고 여기는 것이다.

고대 신상 중에는 사람의 몸에 짐승의 머리를 한 것들이 흔히 등장하는데, 이것도 두 종류의 신을 합치면 더 강한 힘을 갖게 된다고 믿는 전형적인 혼합주의이다. 이런 신앙은 힌두교와 같은 다신교에서 흔히 볼 수 있다. 혼합주의적 다신교를 믿는 사람들은 예수님을 믿으라고 전도하면 잘 받아들인다. 왜냐하면 이미 믿고 있는 신들 가운데 또 한 신의 힘을 보태는 것으로 생각하기 때문이다. 바로 이런 생각으로 블레셋 사람들은 하나님의 언약궤를 다곤 신상 옆에 두었다.

그런데 이게 웬일인가? 이튿날 블레셋 사람들이 신전에 갔는데, 다곤 신상이 언약궤 앞에 엎어져 땅바닥에 얼굴을 처박고 있었던 것이다. 마치 다곤 신상이 언약궤 앞에 얼굴을 숙이고 경배하는 것과 같았다. 그래서 그들은 다곤 신상을 들어서 제자리에 세워 놓았다. 그리고 그 다음 날 아침에 다시 가보니 또 다시 다곤 신상이 얼굴을 땅에 처박았는데, 이번에는 머리와 두 손목이 끊어져 문지방 위에 나뒹굴고 몸통만 남아 있었다. 이것은 다곤 신상이 '생각할 수 있는 머리와 일할 손이 없고 스스로 움직이지 못하는 물체'일 뿐임을 보여 주는 사건이었다. 이런 사건이 두 번에 걸쳐 있었다.

이 사건을 경험한 블레셋 사람들은 어떻게 행동하는가? 이들은 신상의 머리와 손이 문지방에 닿았고 해서 그 문지방을 신성하게 여기기 시작했다. 두 번이나 부서진 신상을 보면 이들의 생각이 바뀌어야 하는데, 그들의 미신적 생각은 전혀 바뀌지 않고 오히려 그 문지방을 밟지 않고 다니게 만들었다. 미신이 또 다른 미신을 낳은 것이다. 실제로 미신적인 생각을 고치는 것은 매우 힘들다. 우리 신앙생활에서의 편견도 마찬가지다. 자기가 믿어 온 방식을 벗어나 신앙생활을 새롭게 하는 일은 매우 힘들다.

언약궤를 붙들어 매려 하다니

이들은 언약궤를 감당할 수가 없어서 다른 곳으로 옮기기로 한다. 그곳은 가드라는 지역이었는데, 언약궤가 당도하자 그곳 사람들에게서 독한 종기가 심하게 발생했다. 그래서 다시 언약궤를 아스돗 지역으로 보냈는데, 그곳에도 어김없이 재앙이 임했다. 그래서 다시 에그론으로 옮기려고 하자, 자연히 그곳 사람들이 극렬히 반대했다.

이들은 결국 언약궤를 이스라엘로 도로 돌려보내기로 결정한다. 그리고 그 전에 다곤 신상이 무너지고 언약궤가 머문 곳마다 재앙이 임한 것이 정말 이스라엘의 신이 행한 일인지를 확인하기 위해서 이런 실험을 한다. 언약궤를 보낼 때 수레를 끌어 본 적이 없고 송아지를 낳은 지 오래되지 않아서 젖이 나는 암소 두 마리에게 언약궤를 실은 수레를 끌게 한다. 새끼 송아지를 뒤에 남겨두고도 어미 소가 뒤돌아보지 않고 이스라엘 진영을 향해 가면, 언약궤가 머문 땅에서 일어난 일들이 우연이 아니라 언약궤의 신이 행한 것이라고 믿기로 했다.

그런데 정말 그렇게 되었다. 그 땅에 내린 환난과 재앙은 여호와 하나님께서 행하신 거룩한 공격임이 판명되었던 것이다. 결국 이들은 누가 참 신이신지를 알게 되었다. 그렇다면 이들은 어떻게 해야 했을까? 언약궤를 다른 곳으로 보내는 것으로 끝낼 것이 아니라, 다곤 대신에 참신이신 여호와를 섬겨야 했다. 하지만 그들은 그렇게 하지 않고, 그들을 보호하지 못하는 다곤을 여전히 신으로 숭배한다.

살다 보면 우리가 믿던 것이 결국 우리를 지켜 주지 못한다는 것을 깨달을 때가 있다. 한때 권력을 자랑했던 자가 당하는 허무한 최후를 보면서 권력의 무상함을 느낀다. 돈이 많았지만 그것으로 끝내 행복을 사지 못한 누군가를 보면서 인생에 대해서 깨닫기도 한다. 그런데 우리는 그것이 믿을 만한 대상이 아님을 알게 되어도 하나님께 돌아오지는 않는다. 세상의 덧없음을 경험하면서도, 여전히 믿음의 주변만 맴도는 아쉬운 경우가 참 많다.

하나님만 섬겨야

블레셋 사람들이 언약궤를 처리한 방식에서 나타난 가장 큰 오해는 무엇인가? 언약궤를 다곤 신전에 두면서 다곤의 힘에다 언약궤의 주인이신 여호와 하나님의 힘을 보태는 것으로 생각했다는 것이다. 즉 하나님을 여러 신들 중의 하나로 봤지, 유일한 주님으로 보지는 못했던 것이다. 우리도 이런 잘못에 빠지는 경우가 많다. 재산이 많은 사람들은 대개 그 재산의 힘을 어느 정도 의지한다. 그러면서 하나님도 믿는데, 그러다 재물의 힘에다가 하나님의 힘이 추가된다고 여기게 되기 쉽다. 또 사회적 지위가 높은 사람은 하나님을 믿으면서 지위의 힘에다가 하나님의 힘을 더하는 것으로 여기게 될 수 있다.

이것은 성경의 가르침과 맞지 않는다. 사회적 지위나 재물의 힘과 하나님의 힘은 동등하지 않다. 하나님의 힘 아래 재물의 힘이 놓여야 하고, 하나님 아래 사회적 지위의 힘이 놓여야 한다. 하나님께서는 많은 힘들 중의 하나가 아니라 모든 힘들 위에 계신 주님이시다. 모든 것을 다스리시는 주님이시다. 하나님과 다른 것들 간의 관계를 바로잡는 것이, 하나님께서 어떤 분이신지를 바로 알고 믿는 것이다.

지금까지 이스라엘과 블레셋 사람들이 하나님을 어떻게 알았고 어떻게 믿었는지를 살펴보았다. 이스라엘 백성은 비록 전쟁터에서 하나님의 이름을 불렀지만, 그들이 의지한 것은 하나님이 아니라 미신이었다. 하나님께서 어떤 분이신지를 잘못 알았던 것이다. 우리도 하나님을 믿고 산다고 하지만, 과연 하나님을 얼마나 바로 알고 믿고 있을까? 하나님을 필요할 때만 찾아서 사용하는 어떤 능력으로만 여기고 있는 것은 아닌가? 사사시대의 이교도들처럼 하나님을 여러 능력들 중 하나로 여기며 사는 것은 아닌가? 습관적으로 말하는 것에 머물러 주문을 외듯이 기도하고 있지는 않은가? 매일 만나는 사람도 늘 새로운 마음과 말로 만나야 하듯이, 살아계신 하나님께도 그리해야 한다.

사실 우리가 어떻게 하나님을 제대로 다 알겠는가? 인간의 머리로는 불가능하다. 때로 하나님께서는 욥기에서처럼 여전히 이해할 수 없는 신비로 계신다. 우리는 하나님을 다 알 수 없다. 하지만 하나님께서는 직접 자신을 드러내셨다. 중요한 것은 성경이 분명하게 증언하는 하나님을 알아야 한다는 것이다. 성경은 모든 단락에서 하나님께서 어떤 분이신지를 말한다. 성경이 드러낸 참하나님의 진리를 알고 그분께 진실을 다해 응답하는 것이 믿음이다. 처음 믿을 때는 하나님을 충분히 바로 알지 못할 수 있지만, 한참 신앙생활을 하고도 여전히 하나님에 대하여 아는 지식이 자라지 못하고 있다면 곤란하다. 그러면 우리의 신앙이 영적 사사시대가 된다.

십계명의 제3계명은 '하나님의 이름을 망령되이 일컫지 말라'라고 되어 있다. 예수님께서는 주기도문에서 "아버지의 이름이 거룩히 여김을 받으시오며"라고 하셨다. 무슨 말씀인가? 하나님께서 어떤 분이신지 모르고 자기식으로 생각하며 하나님의 이름을 함부로 부르지 말라는 것이다. 하나님을 바로 알기 위해서는 꾸준히 하나님을 알아 가야 한다. 어느 날 한순간 갑자기 알게 되는 것이 아니다. 매일 큐티하면서 묻는 가장 중요한 질문이 있다. '하나님께서는 어떤 분이신가?'라는 질문이다. 매일 말씀을 묵상하면서 이 질문에 대한 답을 찾고 그분께 기도해야 한다. 우리 신앙의 열정은 여기서 나와야 한다.

누가 우리를 다스리는가
(사무엘상 8장 1~9절)

성경은 이야기다

성경, 특히 구약성경은 이스라엘 민족의 역사 이야기다. 하나님께서는 자신을 인간에게 드러내며 말씀하시는데, 주로 역사를 이야기하시는 방식으로 하신다. 하나님께서는 선택하신 백성들과 동행해 오신 이야기를 통해서 자신을 계시하신다. 그래서 성경에 실린 역사 이야기가 중요하다. 어느 한 구절에서 감동을 받는 것보다, 성경에 기록된 역사에서 드러나는 하나님 나라 이야기의 흐름을 잘 알고 은혜를 받는 것이 더 중요하다. 하나님께서는 과거의 역사 속에서 말씀하신 그 말씀으로 오늘의 역사 속에 들어오시고, 또 오늘 우리에게 말씀하신다. 우리는 그 말씀을 들어야 한다.

사무엘서 이야기의 한 토막을 보면서 우리는 하나님께서 오늘 우리 시대와 역사에 주시는 교훈을 들어야 한다. 본문의 이야기는 이스라엘의 제도가 사사제도에서 왕정제도로 바뀌는 다소

건조한 내용의 이야기다. 그러나 백성들이 왜 왕정제도로 전환되기를 바랐는지, 그리고 왜 하나님께서는 그 전환을 기뻐하지 않으셨으면서도 허락하셨는지를 주목해 보아야 한다. 그러면 오늘날 우리에게 주시는 교훈을 깨닫게 된다.

첫 번째 이야기다. 사사시대 말엽, 블레셋은 철기문화를 발달시킨 해양 민족이었다. 그들은 영토 확장을 위해 이스라엘을 침략하고 언약궤까지 빼앗았다. 언약궤를 가지고 나가 전쟁을 했지만 패배했다는 것, 언약궤를 빼앗기기까지 했다는 것은 이스라엘에게 엄청나게 충격적인 일이었다. 이 소식을 들은 엘리 제사장이 그 자리에서 넘어져 죽었을 정도였다. 그는 마치 나라를 잃어버린 것과 같은 충격을 받았던 것이다. 이스라엘의 상황은 마치 침몰하는 배와 같았다. 이렇게 나라가 내적으로 사기가 저하되고 외적으로 불안요소가 존재하는 상황 가운데 한 지도자가 부상하게 되는데, 그가 바로 사무엘이다.

바른 진단 바른 해법

이런 위기 상황에 처했을 때 지도자가 해야 하는 중요한 일은 위기를 가져온 핵심 문제가 무엇인지를 올바로 간파하는 것이다. 사무엘은 그 시대의 위기를 불러온 핵심 문제를 어디서 찾았을까? 이스라엘 사람들 중 누군가는 국방력이 약화되었다는 현실적 판단을 내렸을 것이고, 또 어떤 사람들은 언약궤의 효력을 불러일으킬 종교적 열정이 부족한 것을 문제로 보았을 것이다.

그런데 사무엘서는 언약궤를 빼앗긴 이스라엘의 상황을 이렇게 봤다. "이르기를 영광이 이스라엘에서 떠났다 하고 아이 이름을 이가봇이라 하였으니 하나님의 궤가 빼앗겼고 그의 시아버지와 남편이 죽었기 때문이며 또 이르기를 하나님의 궤를 빼앗겼으므로 영광이 이스라엘에서 떠났다 하였더라" 사무엘상 4장 21, 22절 '이스라엘이 언약궤를 빼앗긴 것이 아니라, 언약궤가 스스로 이스라엘을 떠난 것이다!' 언약궤를 빼앗겼다고 보면 그들이 힘이 부족했다는 이야기지만, 언약궤가 스스로 이스라엘을 떠났다면 그것은 이스라엘이 하나님을 기쁘시게 해 드리지 못했다는 뜻이 된다. 사무엘은 지금 하나님께서 그들과 함께 계실 수 없을 만큼 그들이 세속화되어 가나안처럼 된 것을 이스라엘의 핵심 문제라고 본 것이다.

언약궤는 하나님의 왕좌를 의미한다. 이스라엘 백성들이 언약궤를 성소에 두고 있었던 것은, 그 언약궤 위에 좌정하신 하나님을 생각하고 그분의 말씀에 순종하겠다는 뜻이었다. 그러나 사사시대에 이스라엘 백성들은 언약궤를 성소에 두기는 했지만 말씀에 순종하지는 않았다. 하나님을 허수아비로 취급한 것이다. 그래서 사무엘은 나라가 불순종하고 세속화되어 가나안처럼 됨으로 말미암아 하나님께서 이스라엘을 떠나셨고, 그로써 블레셋에게 패하게 된 것으로 보았다. 주님을 믿는다고 하더라도 주님께 순종하지 않으면 우리와 하나님의 관계는 아무 의미가 없다. 우리는 주님께서 우리와 함께 계신다고 믿을지 모르지만, 주님께서는 그런 우리를 그냥 내버려 두실 것이다. 성령님께서 우리 안에 계시는데도 성령님을 계속 인정하지 않으면, 성령님께서는 우리 안에서 슬퍼하실 뿐이다. 우리가 기대하는 대로 일하지 않으신다.

그래서 사무엘이 제일 먼저 한 일은 이스라엘의 영적 회복을 위해 분투하는 것이었다. 백성들의 영적 갱신을 위해서 사무엘은 백성들을 미스바라는 장소로 모으고 대규모 회개 집회를 열었다. 그리고 그곳에서 백성들로 하여금 온종일 금식하며 죄를 철저하게 자복하게 했다. "사무엘이 이르되 온 이스라엘은 미스바로 모이라 내가 너희를 위하여 여호와께 기도하리라 하매 그들이 미스바에 모여 물을 길어 여호와 앞에 붓고 그 날 종일 금식하고 거기에서 이르되 우리가 여호와께 범죄하였나이다 하니라 사무엘이 미스바에서 이스라엘 자손을 다스리니라"사무엘상 7장 5, 6절

블레셋에게 침략을 당하고 언약궤를 빼앗긴 현재의 상황을 이스라엘이 영적 순전함을 잃음으로써 초래한 재난으로 봤으므

로, 사무엘은 백성들에게 가나안 세력과의 유착관계를 단절하라고 요구한다. 그리고 이방신들을 제거하고 마음을 여호와께로 향하라고 호소한다. "사무엘이 이스라엘 온 족속에게 말하여 이르되 만일 너희가 전심으로 여호와께 돌아오려거든 이방 신들과 아스다롯을 너희 중에서 제거하고 너희 마음을 여호와께로 향하여 그만을 섬기라 그리하면 너희를 블레셋 사람의 손에서 건져내시리라 이에 이스라엘 자손이 바알들과 아스다롯을 제거하고 여호와만 섬기니라"사무엘상 7장 3, 4절 이렇게 해서 이스라엘은 온종일 금식하면서 "우리가 여호와께 범죄하였나이다"6절라고 회개했다. 그리고 다시 하나님을 그들의 왕으로 모시고 순종하기로 한다.

그런데 이렇게 미스바 대성회가 열리고 있을 때, 블레셋 군인들이 기회다 싶어 다시 공격을 시도한다. 위기의 상황이다. 그러나 하나님께서 블레셋 진영에서 혼란을 일으키셔서 이스라엘이 크게 승리하도록 하셨다사무엘상 7장 10절. 승리 직후 사무엘은 기념비를 세우고 그것을 '에벤에셀'이라고 부른다. '주께서 여기까지 우리를 도우셨다'라는 의미다.

사사시대 말기는 이스라엘의 국력과 신앙이 바닥을 치는 때였지만, 문제의 핵심 원인이 무엇인지 바로 파악했더니 다시 영적 갱신이 일어나며 회복이 이루어졌다. 우리도 문제가 생길 때

원인을 여러 각도에서 분석하지만, 대개 실용적 차원이나 인간관계의 문제로 생각하는 데 그친다. 그러면서 여전히 내 속에 있는 깊은 영적인 원인을 모를 때가 많다. 뭔가 문제가 생기거나 어려운 일이 생기면, 하나님과의 관계에서 바로잡아야 할 것은 없는지 살펴보고 그것을 회복하는 일부터 시작해야 한다. 내가 처한 상황이 비록 사사시대 말기와 같이 절망적인 상황이라고 해도, 회복은 반드시 일어나고 우리는 일어설 수 있다. 사사시대 말기의 이스라엘도 문제의 근본 원인을 알고 하나님께로 돌아갔을 때 다시 일어설 수 있었다는 것을 기억해야 한다.

왕에 대한 과도한 기대

두 번째 이야기가 이렇게 전개된다. 시간이 흘러 지도자 사무엘이 늙게 된다. 다음 지도자를 찾아야 하는데, 사무엘의 아들들은 사무엘과 같지 않다. 아버지와 달리 뇌물을 받고 부패한 행실을 보인다. 그러자 당시 이스라엘의 유력한 자들이 사무엘에게 이런 요구를 한다. "보소서 당신은 늙고 당신의 아들들은 당신의 행위를 따르지 아니하니 모든 나라와 같이 우리에게 왕을 세워 우리를 다스리게 하소서" 사무엘상 8장 5절

이들은 지금까지 열두지파의 연맹체로 있었다. 그런데 그 체제를 중앙집권적 왕국으로 바꾸자는 것이다. 이것은 엄청난 변

화였다. 이들이 요구한 표면적 이유는 이렇다. 먼저는 사무엘의 두 아들의 실망스러운 행동 때문이다. 그들을 지도자로 세울 수 없었던 것이다. 또한 지금 이스라엘이 직면한 문제는, 사사시대에 흔히 일어나던 소규모 국지전을 넘어서 이스라엘 열두지파가 모두 참전해야만 하는 대규모 전면전이 빈번하다는 점이다. 이런 상황에서 지도력이 강력한 왕이 필요하다는 것이다. 이러한 그들의 요구가 일리가 없지 않다.

그런데 이들이 왕을 요구하는 것을 사무엘은 기뻐하지 않았고, 하나님께서도 기뻐하지 않으셨다. 왜 그러셨을까? 이스라엘이 블레셋에게 어려움을 겪는 이유를 근본적으로 잘못 알고 있었기 때문이다. 사무엘은 이스라엘이 세속화되어 가나안화 된 것을 그 원인으로 보고 있지만, 이스라엘 지도자들은 전쟁 전문 지도자인 왕이 없기 때문이라고 본 것이다. 이들은 먼저 그들이 정결하고 거룩한 백성이 되어 하나님께서 그들 중에 함께 계시게 됨으로써 승리할 것을 생각하지 않고, 전쟁 전문 지도자의 강력한 지도력과 군사력을 확보하여 승리를 얻는 세속적 방법만 생각한 것이다. 그들은 하나님께서 그들 중에 계셔서 이루시는 승리가 아니라, 인간 왕이 주도하는 그런 전쟁을 추구하면 된다고 판단했다. 그들의 말을 들어 보자. "우리도 다른 나라들 같이 되어 우리의 왕이 우리를 다스리며 우리 앞에 나가서 우리의 싸

움을 싸워야 할 것이니이다" 사무엘상 8장 20절

여기서 반복되는 단어가 '우리'라는 말이다. 이들은 하나님이 아니라 '우리가 세운 인간 왕이 우리를 위해' 싸워야 되겠다고 말한다. '왕'이라 번역된 히브리어 단어는 '멜렉'이다. 멜렉은 절대적 권력을 휘두르는 가나안 도시국가들의 지배자이다. 이들은 하나님 앞에서 책임을 지는 하나님의 종이 아니라, 인간 위에 군림하는 권력자이다. 이스라엘의 지도자들은 그러한 왕을 요구한다. 왜냐하면 하나님께서는 보이지 않으시나, 그런 인간 왕과 그가 소유한 강한 군사력은 눈에 보이기 때문이다. 그런 왕이 그들을 안전하게 지켜 줄 수 있다고 믿은 것이다. 이들은 블레셋에 패하고 언약궤가 포로로 잡혀간 이유가 그들의 죄와 불순종 때문이었다는 사실은 간과하고, 그들에게 강력한 인간 왕이 없었기 때문이라 믿는다. 이는 그들의 왕이신 하나님을 버리는 것이며, 하나님께서 그들을 제사장 나라로 부르신 영광을 포기하는 것이었다.

문제의 본질과 핵심을 바로 아는 것이 중요하다. 여러 국가적 사안에 대해 좌우, 여야의 상반된 관점을 볼 때가 많다. 원칙론적 입장과 실용론적 입장이 팽팽히 대립하기도 한다. 하지만 무엇이 현실의 본질과 핵심을 제대로 보는 관점인지가 중요하다. 교회에서도 마찬가지다. 드러난 현상보다 무엇이 그 문제의 본

질인가를 바로 알아야 해결이 된다. 그저 왕만 있으면 문제가 풀린다고 여긴 그들처럼, 우리도 군사력만 있으면, 경제력만 있으면, 직장만 있으면, 좋은 건물과 프로그램만 있으면 된다고 여기면 안 된다. 이런 것이 다 있어도 하나님께서 함께 계시지 않으시면 안 된다는 것을 알고 고백해야 한다.

왕정이 위험한 이유

그들은 문제의 핵심을 보지 못했기 때문에 그들의 답 속에 잠복한 문제점도 제대로 알지 못했다. 그래서 사무엘은 다른 나라와 같은 왕을 둘 때 생길 위험한 점들을 말해 준다. 먼저 왕은 백성의 아들들을 군인으로, 딸들은 왕궁과 신하들을 보조하는 궁중의 노동력으로 징발한다. 왕은 권력 조직을 유지하기 위해서 밭과 포도원과 감람원 중에서 좋은 것을 가져가고 세금을 징수한다. 권력을 중심으로 파괴적인 불평등과 계층 분리가 생기고, 왕은 시간이 지나면서 맹목적인 지배자로 변하게 되어 백성들이 그 왕의 종이 될 위험이 있다.

그렇게 되면 하나님께서 베푸신 출애굽의 해방과 자유가 무효화된다. 애굽에서 바로의 지배 아래서 겪던 노예 생활이 가나안에서 재현되는 것이다. 사무엘 선지자는 이런 심각한 결과를 초래할 절대권력자의 출현을 꿰뚫어 보고 경고했지만, 그럼에도 백성들은 자기들의 선입견과 고집 때문에 그 말을 듣지 않았다. 그들은 집요하게 왕을 세워 줄 것을 요청한다.

앞으로 이들은 문제가 있으면 하나님이 아닌 인간 왕을 찾게 될 것이다. 이전에는 하나님의 도움을 의지했지만 이제는 군대와 마병의 숫자를 믿게 될 것이다. 그리고 결국 그것이 진정한 답이 아님을 알게 될 것이다. 그러나 그들은 고집한다. 이것이 종종 우리의 모습이 아닌가? 눈에 보이는 확실한 것을 구한다. 내 삶과 미래를 보장해 줄 무엇을 확보하려고 한다. 그리고 그것을 손에 넣었다고 여기면 하나님을 별로 의지하지 않게 된다. 별로 기도하지 않고 하나님을 찾지도 않는다. 그런 삶을 매우 안정적이라고 여긴다. 그러나 이것이 인생의 진정한 답이 아님을 때가 지나고 나서야 안다. 우리가 하나님을 의지해야만 한다는 사실을 너무 늦게 깨달으면 안 된다.

소명에 대한 무지

그들이 왕을 요구하는 것을 하나님께서 기뻐하지 않으신 중요한 이유는, 결과적으로 하나님의 은혜라는 크고 소중한 특권을 그들 스스로 포기하는 것이기 때문이었다. 하나님의 백성이라는 그 영광의 자리를 버리고 다른 나라들과 같이 되려는 어리석음을 안타깝게 여기신 것이다. 그래도 무지한 이들은 이렇게

말한다. "모든 나라와 같이 우리에게 왕을 세워 우리를 다스리게 하소서" 사무엘상 8장 5절

하나님께서는 애굽의 노예였던 이들을 불러내어 하나님의 자유로운 백성으로 삼으시고, 인간 왕의 매개 없이 하나님을 직접 왕으로 모시고 섬기는 나라로 세우셨다. 거대한 왕궁을 소유한 인간 왕이 다스리는 왕정 국가가 아니라, 하늘 왕을 모신 소박한 이동용 성전이 있는 신정 국가였던 것이다. 그 나라는 절대권력을 가지고 정점에서 모두의 위에 군림하는 인간 왕에게 백성들이 복종하는 그런 나라가 아니었다. 지도자는 하나님께서 허락하신 범위 안에서 제한적 권위만 행사하는 존재였고, 백성들과 지도자들이 다 같이 하나님께 예배하고 순종하는 그런 나라였다. 그 나라는 인간 왕이 자신의 욕망을 충족하기 위해서 백성들을 임의로 다스리고 또 전쟁터로 몰아넣는 그런 나라가 아니었다. 그 나라는 오직 하늘 왕이신 하나님의 뜻을 묻고 그 뜻을 따라서 다스리고, 백성이나 지도자나 모두가 다 하나님의 다스림 아래 있는 자유의 나라였다.

하나님께서 이스라엘을 부르신 이유는, 인간 권력자가 임의로 다스리는 나라와는 달리 모두가 다 같이 자비로우신 하나님의 다스림을 받는 나라를 온 세상에 보여 주시려는 것이었다. 그렇게 함으로써 다른 여러 나라들을 변화시키는 나라가 되게 하

시려는 것이었다. 그러한 나라를 하나님께서는 '제사장 나라'라고 부르셨다. "너희가 내 말을 잘 듣고 내 언약을 지키면 너희는 모든 민족 중에서 내 소유가 되겠고 너희가 내게 대하여 제사장 나라가 되며 거룩한 백성이 되리라"출애굽기 19장 5, 6절 즉 당시 세상 속에서 빛과 소금이 되는 나라가 되기를 바라셨던 것이다.

그런데 이들은 이러한 정체성을 포기하고 가나안 도시국가들처럼 인간 왕이 다스리는 나라가 되기를 원했던 것이다. 결국 이들이 요구한 왕정은 사무엘이 예견한 대로 되었다. 이스라엘은 역사 속에서 수많은 전제군주를 만들어 내었고, 인간 왕 때문에 망하는 결과를 낳게 된다.

선지자가 필요한 이유

이런 인간 왕 중심의 왕정제도로 가면 결국 어떻게 될지를 너무나 잘 아셨던 하나님께서는 보완책을 세워 주시는 은혜를 베푸신다. 그것이 바로 선지자 제도다. 왕을 허락하시되, 권력자가 스스로 왕이 되지 못하게 하시고 선지자가 기름을 부어 왕을 세우게 하셨다. 그리고 왕이 재임 중에도 계속 선지자를 통해 하나님의 말씀을 듣게 하셨다. 바로 이런 선지자를 양성하기 위해 사무엘이 라마에 선지자 학교를 만든 것이다. 그래서 인간 왕을 절대시하는 이교도적 왕정이 아니라, 어디까지나 하나님의 뜻을 선포하는 선지자의 감시와 감찰의 영향 아래 있는 제한적인 왕정, 언약백성에게 합당한 왕정제도가 되게 하셨다.

과거에 프랑스나 영국에서 절대왕정을 정당화하기 위해서 왕권신수설을 주장했던 것은 성경과는 전혀 관계가 없다. 절대권력은 절대적으로 타락하기 때문에, 하나님께서는 왕의 곁에서 하늘 왕을 기억하게 해 주고 말씀을 들려 주는 선지자 제도를 두신 것이다. 왕이나 백성에게 가장 중요한 것은 하늘 왕의 존재를 기억하고 그분의 말씀을 듣는 것이기 때문이다. 지금 이 세상에서는 교회가 바로 그런 선지자의 역할을 감당해야 한다.

그렇게 세워진 첫 번째 왕이 사울이다. 하지만 그는 결국 버림을 받고 다윗이 다시 선택을 받는다. 그 이유는 간단하다. 사울은 하늘의 왕이신 하나님의 지배를 받지 않고 모든 것을 자기 손아귀에 넣으려 했기 때문이다. 왕은 하나님의 종이라는 사실을 망각하는 모습을 보였기 때문이다. 그러나 다윗은 비록 도덕적 결점이 없지 않았지만, 왕이 된다는 것은 바로 하나님께서 맡겨 주신 책임을 다하는 것이며 자신은 하나님의 종이라는 사실을 잊지 않았다.

누가 다스리는가

우리는 사사제도에서 왕정제도로 전환되는 이스라엘의 이야기를 보았다. 성경은 사사시대의 열두지파 연맹체와 왕정체제 중에서 어떤 체제를 더 높게 평가할까? 제도적으로는 전자를 더 지지하는 것 같다. 그러나 그렇다고 왕정제도 자체를 완전히 반대하는 것은 아니다. 핵심은 제도 자체가 아니라, 그 제도 안에서 사람들이 누구의 다스림을 받느냐 하는 것이다. 그것에 따라서 결과가 달라지기 때문이다.

사사시대의 제도는 지방분권에 가깝기에 절대권력이 생기지 않았다. 상당히 자치적이고 자율적이다. 하지만 자율적이기에 백성들이 자기 소견대로 행할 가능성이 있었다. 그래서 사사기에는 그 시대 백성들이 각자 자기 소견대로 행했다는 말씀이 거듭 나온다. 그러나 사무엘이 다스릴 때처럼 백성들 각자가 하나님의 다스림을 받게 될 때는 자율적인 건강한 공동체로 회복될 수 있었다. 반면에 왕정제도는 중앙집중적인 제도이기에 지도자를 구심점으로 강력한 힘을 모을 수 있고, 효율성이 있기도 하다. 하지만 왕이 그 권력을 이용해서 부패하기 쉽고 백성들의 자유를 박탈할 수 있다. 이스라엘의 수많은 왕들의 통치가 그랬다. 하지만 다윗과 같이 하나님을 경외하는 왕이 나올 때는 왕정제도 아래에서도 백성들이 행복했고, 나라가 건강할 수 있었다.

문제의 핵심은 분명하다. 제도 자체가 아니라, 백성들과 왕이 하나님의 다스림 아래 있는지의 여부가 중요하다. 하나님을 제대로 모시면 어느 제도나 장점을 발휘하게 되지만, 그렇게 하지 못하면 사사제도든 왕정제도든 모두 문제를 일으키는 것이다. 그런 점에서 사사제도를 왕정제도로 바꾸는 것이 당시 이스라엘의 문제를 푸는 길이라고 여긴 지도자들은 핵심을 보지 못한 것이다. 핵심은 그들이 하나님을 어떻게 섬기느냐 하는 것이었다.

주님의 다스림

이스라엘 역사는 우리에게 중요한 것을 알려 준다. 한 사회 안에서 공존하는 사람들이라도 각자가 처한 상황과 형편은 다 다르다. 문화도 다르다. 그래서 사람들은 사회의 문제를 해결하기 위해서 어떤 제도와 방법이 필요한지를 두고 자신의 관점을 따라 갑론을박한다. 그러나 더 중요한 것은 누구의 다스림을 받고 있느냐 하는 것이다. 이것을 놓치면 핵심을 잃어버리는 것이다. 주님께서는 먼저 그분의 나라와 의를 구하라고 하셨다. 그분의 나라를 구한다는 것은 하나님의 다스림을 받는다는 말이다. 하나님의 다스림을 받는 것, 이것이 가장 우선적이다.

『트라우마 한국사회』*라는 책이 있다. 이 책은 한국사회의 세대 간 가치관의 차이를 분석하고 있다. 50년대, 60년대, 70년대, 80년대생을 세대별로 분석하면서, 그 세대가 겪었던 정치, 사회,

---

* 김태형 지음, 『트라우마 한국사회』, 서해문집, 2013.

경제적 경험이 어떻게 그들의 생각과 가치관을 형성했는지를 재구성하여 보여 준다. 급변해 온 우리 사회가 겪은 굶주림, 경제성장, 민주화, 경제 위기 등, 그 경험의 차이는 각 세대들로 하여금 같은 시대를 살면서도 관점과 생각에서 뚜렷한 차이를 드러내게 했다. 각 세대들은 자신의 경험에 근거해 자기가 옳다고 주장하고, 이런 주장은 정치적으로 후보를 선택할 때나 정책을 지지할 때도 현저한 차이를 보이며 나타난다. 그 세대가 겪었던 시대적 경험에 너무나 많이 지배를 받아 관점이 고착되어 있다는 것이다.

그러나 그리스도인의 판단은 달라야 한다. 경험의 지배를 받는 데 머물러서는 안 된다. 무엇이 우리를 다스리고 있는가? 가만히 있으면 나도 모르게 누군가의 생각과 가치관의 지배를 받게 된다. 성경은 우리가 적극적으로 주님의 다스림을 구해야 한다고 가르친다. 그렇지 않으면 나도 모르게 하나님이 아닌 다른 것의 지배를 받기 때문이다. 우리는 매일 말씀의 가치관을 우리 속에 넣어야 한다.

다스리려면

하나님께서는 우리를 하나님의 형상으로 만드셨다. 우리가 하나님처럼 왕이 되어 세상을 다스리기를 바라시기 때문이다.

하나님께서 세상을 다스리시듯이 우리가 우리 삶의 현실을 다스리는 것이다. 이를 위해 가장 필요한 것은 우리가 하나님의 다스림을 받는 것이다. 그렇게 하면 인간의 제도에 있는 결함을 극복하고 행복한 사회를 만들 수 있지만, 그렇게 하지 않으면 어떤 제도든 문제가 된다.

하나님께서는 가정에서도 가장이 먼저 하나님의 말씀을 듣고 하나님의 다스림을 받기를 원하신다. 그럴 때 그 가장이 가정을 하나님의 뜻대로 다스릴 수 있기 때문이다. 또한 가장을 통해 가족 구성원 각자가 하나님의 말씀을 들을 때, 그 가정은 상황이 어떠하든지 그곳에서 행복을 만들 수 있다. 기업 현장에서도, 하나님의 다스림을 받으면 우리는 직장에서 기업과 경제 현실을 다스리는 하나님의 대리자가 될 수 있다. 하나님을 의지하고 하늘의 도움을 얻고 나아가면 승리할 수 있다.

마음도 마찬가지이다. 우리 마음속에서는 생각과 감정의 파도가 계속 일어난다. 그러나 우리가 내면을 하나님의 말씀으로 채우고 성령의 다스림을 받으면, 우리는 절망도 염려도 다스릴 수 있고 육신과 안목의 정욕도 다스릴 수 있다. 하나님의 다스림을 받을 때 주어진 삶의 현실을 다스릴 수 있다. 그렇지 않으면 결국 정복당하고 만다. 누구에게든 변함없는 삶의 원리는 이것이다. "다스림을 받아야 다스릴 수 있다!" 누구에게 다스림을 받고 있느냐? 누가 내 삶의 왕인가? 이것이 중요하다. 하나님께서 나의 왕이 되시어 나를 다스리시면, 나는 하나님의 권능으로 내 삶의 땅을 다스릴 수 있다. 이 점을 잊지 말아야 한다. 어떤 형편에 있든지 매일 예수님을 왕으로 고백하자. 내 현실의 왕이 되시기를, 내 마음의 주가 되시기를 순간마다 요청하고 나아가자. 우리가 처한 현실과 마음이 어떠하든지 그 상황을 다스리게 해 주실 것이다.

2부
/
삶의 땅을 다스리는 사람

Life lessens in the Books of Samuel

다스림을 받아야 다스릴 수 있다
(사무엘상 12장 19~25절)

무엇의 통치를 받고 있는가

2013년 8월에 스페인에서 대형 열차 사고가 있었다. 굽잇길에서의 규정 속도는 시속 80킬로미터인데, 사고 열차는 시속 200킬로미터로 굽잇길을 달리다가 사고가 난 것이다. 열차 기관사는 평소 속도를 즐기는 속도광이었다고 한다. 많은 사람들을 수송하는 열차나 버스를 운전하는 사람에게 가장 중요한 것은, 속도를 내고 싶은 욕구가 있어도 승객의 안전을 위해 그것을 절제하고 규정을 지키는 마음이다.

요즘은 컴퓨터 보안이 점점 큰 문제가 되고 있다. 정보 검색을 좌우하는 인터넷 포털의 권력은 상상을 초월할 정도로 커지게 되었다. 막대한 정보력으로 사람들의 사생활을 다 들여다볼 수 있는 기술이 있는 그들이 그 기술의 사용을 제어하는 윤리적 기준을 갖고 있지 않으면, 그들이 빅 브라더Big Brother: 조지 오웰의 소설 『1984년』의 등장인물로, 권력과 정보를 독점하고 국민들을 감시하고 통제

함으로써 국가 오세아니아를 통치하는 독재자다가 될 위험이 늘 있다. 지금은 바뀌었지만, 세계적인 정보기술IT기업 '구글'의 사훈이 '악마가 되지 말라Don't be evil'이었다. 다름이 아니라 빅 브라더가 되지 말자는 말이다.

또 최근에 원자력 발전소 비리가 뉴스에서 보도된 적이 있다. 원전 부품의 품질을 속여 납품했다는 것이다. 온 국민의 삶에 매우 큰 영향을 미칠 수 있는 발전소의 부품을 품질을 속여 공급하여 이익을 챙긴 것인데, 원전과 관련된 이들이 윤리의식이 없이 돈 때문에 원전 안전을 소홀하게 여긴다면 어떤 일이 벌어지겠는가!

월가Wall Street: 미국 뉴욕의 금융 및 증권 거래 중심지 사태도 마찬가지다. 세계화가 된 요즘 세상에서 미국과 같은 선진국의 금융제도는 세계의 수많은 사람들에게 실질적인 영향을 미치게 되어 있다. 그런데 월가의 대형 투자사들은 자기들만 아는 지식과 정보를 가지고 금융과 주가를 조작해서라도 돈을 벌겠다는 이기적 탐욕의 유혹에 빠지기 쉽다. 그럴수록 탐욕의 지배를 받지 않으려고 노력해야지, 그렇지 않으면 수많은 사람들이 피땀 흘려 모은 돈을 한순간에 잃어버리고 만다. 실제로 얼마나 많은 이들이 이로 말미암아 큰 고통을 받게 되었는지 모른다.

영향력이 큰 자리일수록 그 자리를 잘 통제하는 일이 중요하다. 그렇다면 많은 사람들을 다스리는 지도자에게 가장 중요한 것은 역시 윤리적으로 통제되는 것이다. 중요한 직책에 있는 사람에게는 많은 권력이 주어지기 마련이다. 그래서 그에게 힘을 줄 뿐만 아니라, 반드시 그 사람을 감독하는 기관도 있어야 한다. 주어진 힘을 함부로 사용하지 않게 만들기 위해서다. 하지만 감독 기관마저 유명무실해지는 상황도 없지 않다. 그러므로 큰 책임을 맡는 사람일수록 주어진 힘을 사적 욕망을 위해 사용하고 싶어 하는 마음을 다스릴 수 있는 인격적, 도덕적 힘이 필요하다. 그러한 자신을 하나님께서 보고 계시다는 것을 믿는 신앙 또한 필요하다.

정치는 하늘의 높은 뜻을 땅의 백성들에게 널리 펼치는 것이다. 정치가가 나라를 잘 다스리려면 그가 먼저 하늘의 높은 뜻에 잘 다스림을 받아야 하는 것이다. '수신제가치국평천하修身齊家治國平天下: 나를 수양하고, 집을 잘 다스리고, 나라를 다스려 천하를 평정한다'라는 말도 있지 않은가! 그렇지 않으면 그 한 사람 때문에 그 아래 있는 수많은 사람들이 손해를 보고 고통을 당하게 된다. 타락한 인간이 지도자 노릇을 할 때 국민들이 얼마나 비참할 수 있는지는 북한에서 잘 볼 수 있고, 또 원전 비리 사건에서도 볼 수 있다.

사사기에서 하나님께서는 인간 왕을 세워 달라는 이스라엘 백성들의 요구를 들어 주셨고, 그리하여 사울이 최초의 이스라엘 왕이 된다. 하나님께서는 왕이 된 그에게 왕이 갖춰야 할 가장 중요한 덕목을 가르치시고 훈련시키신다. 우리는 왕에게 주어지는 이 말씀을 주의 깊게 살펴볼 필요가 있다. 우리에게도 영향을 미칠 수 있는 나름의 영역을 다스리는 권세가 있고, 또 우리에게 영향을 받는 사람들이 있기 때문이다. 그런 점에서 우리도 작은 왕들이다.

사울을 왕으로

하나님께서는 이스라엘 백성이 인간 왕을 요구하자 허락하셨지만, 매우 염려하는 마음으로 허락하셨다. 한 인간이 왕의 자리에 올라가면 그 한 사람 때문에 수많은 사람들의 삶과 운명이 달라질 수 있기 때문이다. 그 사람이 잘하면 좋지만 그리하지 못할 때 수많은 사람들이 고통을 당하게 된다. 이스라엘 백성들에게는 한 번도 인간 왕이 없었기 때문에, 그들 중 왕이 어떻게 이스라엘을 다스려야 하는지를 아는 사람이 없었다. 그들이 봤던 왕이란 가나안 도시국가의 왕들, 힘을 스스로 쟁취했다고 생각하고 그 힘으로 마음대로 다스리고 끝없이 더 큰 힘을 추구하며 백성들을 희생시키는 그런 악한 왕들뿐이었다. 아주 성숙한 사람도 그 자리를 제대로 감당하기가 어려운데, 그렇지 않은 타락한 인간이 왕의 자리에 앉게 된다면 그 결과가 어떠할 것인지를 하나님께서는 누구보다 잘 아셨을 것이다.

이 시대에는 왕이 신의 대리자이거나 곧 신이라는 관념이 일반적이었다. 그래서 이스라엘 주위의 가나안 국가들에서는 사제들이 왕의 즉위식을 집전하며, 이 왕을 신의 아들이라고 여기거나 신으로 섬기도록 가르쳤다. 그래서 이러한 국가에서 왕은 무소불위의 신적 권위를 행사하여 나라를 다스렸다. 그러나 하나님께서는 사울을 왕으로 세우시면서 주위 가나안 나라들과는 다른 틀을 제시하셨다. 하나님을 믿는 신앙의 틀 안에서 왕정제도는 어떠해야 하는지를 사무엘을 통해 가르치셨다. 즉 왕은 아래로 백성을 다스리는 왕이기 전에, 먼저 위로 하나님의 다스림을 받아야 하는 종이라는 것을 가르치셨다. 왕은 초법적인 존재가 되어서는 안 되고 백성들과 똑같이 하나님의 법의 지배를 받아야 하며, 남보다 더 큰 책임을 져야 하는 자리임을 강조하셨던 것이다.

그래서 사무엘이 왕을 세우는 이야기는 이렇게 진행되었다. 베냐민지파에 속한 사울이 잃어버린 아버지의 나귀를 찾으러 다니다가 사무엘이 거하는 집 근처에 오게 되었다. 그가 우연히 사무엘을 만난 듯 보이지만, 거기에는 하나님의 뜻이 있었다. 사무엘은 하나님의 말씀을 들었고, 말씀대로 그를 만나 그에게 기름을 부어 왕으로 세웠다. 사무엘이 사울의 머리에 기름을 부은 것은, 사울이 자기 실력이나 능력으로 왕이 된 것이 아니라 하나님께서 그를 세우셨다는 의미이다. 또한 하나님께서 세우셨으니 왕은 하나님 말씀을 들어야 할 종임을 알려 주는 것이다.

사무엘이 강조하는 왕의 일차적 조건은, 자신을 하나님께서 왕으로 세우셨음을 알고 겸손히 하나님의 말씀을 잘 듣는 것이었다. 세상의 모든 권력자, 재력가, 권세자들도 마찬가지다. 그들은 다 하나님의 다스림 아래 있는 자로서 하나님의 말씀을 들어야 하는 하나님의 종이다.

백성 앞에서 얻은 인정

사무엘이 사울에게 기름을 부어 왕으로 세웠지만, 그는 백성들 앞에서 공식적으로 왕으로 선택받을 필요가 있었다. 그를 하나님께서 세우셨다는 것을 백성들이 인정해야 했던 것이다. 그래서 사무엘은 백성들을 미스바로 불러 모아, 왕을 세우기 위해 지파별로 제비뽑기를 한다. 열두지파에서 각각 천 명씩 나오게 하고 제비를 뽑았는데 베냐민지파가 뽑혔다. 베냐민지파가 가족별로 나와서 제비를 뽑으니 마드리의 가족이 뽑혔다. 그중에서 다시 뽑으니 기스의 아들 사울이 뽑히게 된 것이다. 그런데 그는 다른사람들의 키가 그의 어깨에 닿을 만큼 키가 컸다 사무엘상 10장 23절.

이런 선택 뒤에는 오묘한 뜻이 있었다. 왕을 선택할 때 열두 지파들은 서로 자기 지파에서 왕이 나오기를 기대했을 것이다. 만약 유다와 에브라임지파와 같은 큰 지파에서 왕이 선출되었다면 다른 지파들과의 보이지 않는 갈등이 생길 수밖에 없다. 그런데 가장 작은 지파인 베냐민지파에서 왕이 뽑힘으로써 지파들 간의 힘의 균형이 유지될 수 있었다. 게다가 베냐민지파는 작은 지파이지만 전쟁에서 싸움을 잘하는 지파였다. 게다가 그 지파에서 가장 키가 큰 사람인 사울이 뽑혔다. 백성들이 원했던 왕은 주변 부족들과의 전쟁을 이끌어 줄 전형적 '무골武骨'형 지도자였는데, 실제로 그런 사람이 뽑힌 것이다. 그래서 그들은 사울의 외모를 보고 감탄하고 환호했다.

하나님께서는 백성들의 수준을 잘 알고 계셨다. 그들은 자신들이 원하는 유형의 왕이 아니라면 왕으로 인정하려 하지 않았을 것이다. 그래서 하나님께서는 왕을 향한 그들의 이상에 가장 적합한 인물인 사울을 뽑아 주신 것이다. 그들은 왕의 모습을 이웃 가나안 나라에서밖에 본 적이 없었다. 그래서 그들은 오직 전쟁을 잘하는 힘 있는 사람이면 왕이 될 만하다고 여기고 그런 왕을 구했고, 그런 사람을 얻은 것이다. 우리도 경제만 성장하면 모든 문제가 다 풀린다고 여기며 오직 경제 발전을 이룰 지도자를 구하는 경우가 많다. 경제를 위해서라면 다른 가치는 희생해도 된다고 여기곤 한다. 어제나 오늘이나 인간의 경솔함은 크게 다르지 않다.

이렇게 사울이 제비뽑기로 왕이 되었지만, 그가 모든 백성에게 왕으로 인정을 받기 위해서는 그의 능력을 백성들 앞에서 보여 줄 필요가 있었다. 출중한 외모만으로는 충분치 않았다. 백성들의 지지율을 올리기 위해 왕의 존재감을 드러내는 기회를 찾아야 했는데, 드디어 사울에게 그런 기회가 왔다. 야베스 사람들이 암몬 족속의 공격을 받았던 것이다. 사울은 곧바로 군사를 모집해서 전쟁에 나갔고 혁혁한 공을 세우게 된다. 이렇게 함으로써 그는 이스라엘의 위기를 떠맡는 지도자의 면모를 과시하게 되고, 그에게 회의적인 여론을 잠재우게 되었다.

그러자 사무엘은 드디어 왕의 즉위식을 할 때라고 판단한다. 사울은 기름 부음을 받았고, 제비뽑기에서 뽑혔으며, 전쟁을 통해서 실력이 인정되었으니, 이제 그를 공식적으로 옹립하는 행사를 하는 것이다. 그런데 사무엘은 즉위식 장소를 길갈로 정한다. "사무엘이 백성에게 이르되 오라 우리가 길갈로 가서 나라를 새롭게 하자" 사무엘상 11장 14절 그 이유는 길갈이라는 장소에 있는 상징성 때문이다. 대선이 있을 때 어떤 후보는 세종대왕 동상 앞에서 출마선언을 하고, 누구는 서대문 독립공원에서 출마선언을 하고, 영등포 타임스퀘어에서 출마선언을 한다. 그 지역의 상징적 의미를 활용하는 것이다. 길갈은 일찍이 이스라엘이 가나안 땅에 들어온 후 여호수아가 전쟁을 치른 지휘본부가 있던 자리였다.

당시 여호수아는 지도자로서 하나님께서 그들의 왕이심을 결코 잊지 않고 백성들을 이끌었다. 사무엘은 바로 그런 장소인 길갈에서 사울을 왕을 세움으로써 이스라엘의 왕이 하나님의 통치 아래 있어야 한다는 사실을 다시 강조한 것이다. 하나님께서는 이렇게 왕정 도입을 허락하시되, 왕의 임명과 옹립을 선지자의 영적인 감독 아래 두게 하심으로써 이스라엘 왕정의 독특성을 드러내셨다.

듣는 마음이 핵심이다

이렇게 길갈에서 사울을 왕으로 세운 후, 사무엘은 퇴임 선언을 한다. 왕정시대를 위해 사사시대를 마감하는 것이다. 그런데 그는 퇴임사에서 왕정이 초래할 위험을 한 번 더 경고한다. 인간 왕은 반드시 하늘 왕께서 계심을 잊지 말아야 하고, 왕도 언약 공동체의 일원으로서 공동의 소명과 요구에 복종해야 함을 강조한 것이다.

또 사무엘은 인간 왕은 그 자리에서 하나님을 잊어버릴 가능성이 있기 때문에, 왕과 이스라엘 백성들이 이후 잘못된 길로 가지 않도록 자신이 늘 기도할 것을 약속한다. "나는 너희를 위하여 기도하기를 쉬는 죄를 여호와 앞에 결단코 범하지 아니하고 선하고 의로운 길을 너희에게 가르칠 것인즉 너희는 여호와께서 너희를 위하여 행하신 그 큰 일을 생각하여 오직 그를 경외하며 너희의 마음을 다하여 진실히 섬기라"사무엘상 12장 23, 24절 그리고 왕정제도를 받아들인 그들이 하나님의 통치를 받지 않으면 왕도 백성도 다 같이 망하리라는 것을 마지막으로 경고한다. "너희가 여전히 악을 행하면 너희와 너희 왕이 다 멸망하리라"사무엘상 12장 25절

하나님께서 사울을 왕으로 세우시면서 가장 중요하게 가르치려 하셨던 것이 무엇인가? 시간이 흘러 나중에 솔로몬이 왕이 된 후에, 하나님께서 솔로몬에게 원하는 것을 물으셨다. 그때 솔로몬이 구한 것이 있다. "누가 주의 이 많은 백성을 재판할 수 있사오리이까 듣는 마음을 종에게 주사 주의 백성을 재판하여 선악을 분별하게 하옵소서"열왕기상 3장 9절 그는 "듣는 마음"을 구했다. 그 마음은 다름이 아닌 하나님의 말씀을 듣는 마음이다. 하나님께서는 이 기도를 매우 기뻐하셨다. 왜냐하면 솔로몬이 왕의 가장 중요한 덕목을 구했기 때문이다. 왕은 늘 자신이 하나님의 종임을 기억해야 한다.

우리는 평상시 이런저런 기대를 품고 하나님께 기도드린다.

그중 하나님께서 가장 기뻐하시는 것은 무엇일까? 그것은 '듣는 마음'이다. 이것이 하나님의 마음에 합한 기도제목이다. 듣는 마음을 구한다는 것은 하나님의 다스림을 구한다는 말이다. 하나님의 말씀을 듣고 그분의 다스림을 받는 것이 하나님의 백성이 해야 할 우선적인 것이다. 그런 사람이 자신을, 가정을, 직업 현장을, 세상을 잘 다스릴 수 있기 때문이다. 다스림을 받아야 다스릴 수 있기 때문이다.

다스림을 받아야

사울은 그렇게 왕으로 세워졌다. 하지만 결국 그는 하나님께 버림받는다. 그 이유가 무엇인가? 자신의 왕위에 집착하며 참된 왕이신 하나님의 다스림을 받지 않았기 때문이다. 우리도 마찬가지다. 우리도 우리가 선 자리에서 영향력을 미치는 왕으로 부름을 받았다. 우리가 어떤 위치에 서 있든지, 우리에게는 그 위치가 주는 일정한 권한이 있다. 그것을 가지고 우리는 하나님의 다스림을 받을 수도 있고, 저급한 욕망의 다스림을 받을 수도 있다. 예를 들어 대통령이라는 직책에서 사적인 이익을 추구하는 저급한 욕망의 다스림을 받을 수도 있고, 나라의 번영이라는 고상한 대의의 다스림을 받을 수도 있다.

무엇의 다스림을 받느냐에 따라 결과가 완전히 달라진다. 권력을 가진 자일수록 높은 뜻을 끝까지 붙드는 것이 중요하다. 비록 평범한 회사원이라고 해도 그 자리에서 어떤 마음으로 어떤 태도로 일하느냐에 따라, 그는 단순히 여러 사람 중 하나가 될 수도 있고 꼭 필요한 사람이 될 수도 있다. 성실하고 바른 자세로 일하면 그는 좋은 영향력을 미치는 실제 지도자가 된다.

우리 그리스도인은 상황이 어떠하든지 그리스도를 생각하고 그분의 마음을 품어야 한다. 계속해서 하나님 나라의 가치, 하늘 꿈, 고상한 생각의 다스림을 받아야 한다. 그런데 사람은 가만있으면 저급한 욕망의 지배를 받기 쉽다. 사람은 타락한 존재이기에 계속 노력하지 않으면 금방 저급한 욕망의 종이 되기 쉽다. 만약 우리가 늘 분노나 열등감이나 미움과 나쁜 욕망의 지배를 받아 산다면, 나도 힘들고 내 주변의 많은 사람도 어려움을 겪는다. 인간은 약하다. 그러므로 말씀을 계속 묵상하고 성령 충만을 간구해야 한다. 하나님의 은혜와 말씀의 통치를 받기를 부단히 힘써야 한다.

디트리히 폰 코르티츠Dietrich von Choltitz라는 독일 장군이 있다. 2차 세계대전 당시 그는 히틀러가 신임했던 파리 점령군 사령관이었다. 파리를 점령한 히틀러는 시민들을 잡아들이고 프랑스의 유서 깊은 유적들을 파괴했다. 연합군의 노르망디 상륙작전으로 독일군이 퇴각할 위기를 맞게 되자 히틀러는 코르티츠에게 파리를 초토화시키라는 명령을 내린다. 나폴레옹이 잠들어 있는 앵발리드 기념관에는 이 톤의 폭약이 설치되었고, 유서 깊은 노트르담 사원에서는 삼 톤의 폭약이 점화를 기다리고 있다. 코르티츠의 명령 한마디면 된다.

"코르티츠, 명령은 집행되었는가? 파리는 지금 불타고 있는가?" 지금까지 한 번도 상관의 명령을 어긴 일이 없었던 코르티츠는 망설인다. 연합군이 속속 파리로 다가오고 있는 긴박한 상황에서 그는 명령을 수행하고 얼른 그곳을 떠나야 했지만, 파리는 한 나라의 수도이기 이전에 인류의 유산을 간직한 소중한 도시였다. 그는 끝내 폭파 명령을 내리지 않은 채 연합군의 포로가 된다. 그리고 포로가 되기 직전에 그는 아내에게 전화를 걸었다고 한다. "나는 양심과 소신에 따라 행동했을 뿐이오." 그는 히틀러의 명령이 아니라 양심과 바른 가치관의 명령을 따라 행동했다. 그래서 지금 우리는 개선문과 루브르 박물관과 에펠탑을 볼 수 있는 것이다. 우리도 내가 선 곳에서 하나님의 말씀에 순종하며 행해야 한다. 하나님의 말씀과 명령을 듣는 자가 되어야 한다.

무연 휘발유와 패터슨 이야기

요즘 환경오염으로 암 사망자가 많이 발생한다. 그중에서도 대기오염이 큰 문제이다. 주유소에 가면 '무연휘발유'를 판매한다고 쓰여 있는데, 왜 무연휘발유라고 부르는지를 아는 사람은 많지 않다. 무연휘발유의 '연'은 중금속인 '납'을 뜻하는 한자로, 무연휘발유는 곧 '납鉛이 없는 휘발유'를 뜻한다.

1921년의 일이었다. 미국 오하이오주의 제너럴 모터스GM연구소에 근무하던 토머스 미즐리Thomas Midgley Jr.라는 사람이 '테트라에틸 납'을 연구하다가, 이 물질이 자동차 엔진의 노킹 현상 엔진 내부에서 연료가 압축되어 점화되었을 때 불규칙하게 폭발하는 현상으로, 출력 저하나 엔진 고장 등의 원인이 된다을 크게 줄인다는 사실을 발견한다. 그래서 1923년에 제너럴 모터스, 듀폰Du Pont Company, 스탠더드 오일Standard Oil은 에틸가솔린사Ethyl Gasoline Corporation를 설립하여 테트라에틸 납이 든 휘발유 첨가제를 생산하고, 독성이 약한 것처럼 보이기 위해 '납'이라는 말은 빼고 '에틸'이라는 이름을 붙여 판매한다. 이것으로 에틸가솔린사는 큰 이익을 남겼다.

하지만 곧이어 끔찍한 재앙이 찾아왔다. 에틸가솔린사 노동자 중에서 납 중독 환자가 계속 발생했던 것이다. 그러나 회사는 책임을 철저히 부인하는 전략을 택한다. 또 이미 독성이 명백히 드러난 납이 해롭지 않다고 거짓말을 했다. 그러는 동안 대기 중 납 농도가 계속 높아져서 온 국민의 건강을 위협하게 되었는데, 얼마나 높아지고 있는지조차 아무도 정확하게 알 수 없는 상황이었다.

1948년에 클레어 패터슨Clair Patterson이라는 시카고 대학 박사과정 학생이 우라늄의 반감기방사능이 있는 원소가 변하여 원래의 절반이 되는 데 걸리는 기간를 이용해 지구의 나이를 측정하려는 일을 계획하고 있었다. 우라늄이 붕괴하면 납으로 변하기 때문에 그는 납과 우라늄의 양을 정밀하게 측정해야 했는데, 대기 중의 납 때문에 정확한 측정에 어려움을 겪게 되었다. 그런데 치명적인 중금속인 납이 실험에 영향을 미칠 정도로 대기 중에 많다는 것은 충격적인 사실이었다. 그는 연구 끝에, 놀랍게도 1923년 이전에는 대기 중에 납이 거의 존재하지 않았다는 사실을 발견했다. 유연휘발유가 판매되면서 대기 중 납의 농도가 높아져 위험수위에 이르렀다는 것을 알게 된 것이다. 그래서 그는 휘발유에 납을 첨가하지 못하게 하는 일을 필생의 과업으로 생각하게 된다.

이 일로 미국석유협회가 그에게 지원하던 연구자금이 끊겼고, 에틸사의 경영자는 패터슨이 재직하던 캘리포니아 공과대학에 패터슨을 해임하도록 압력을 넣기도 했다. 그러나 그의 노력 덕분에 1986년에는 마침내 미국에서 모든 유연휘발유의 판매가 금지되었고, 미국인의 혈액 내 납 농도는 무려 80퍼센트가 감소했다고 한다. 우리나라도 1993년 1월 1일부터는 무연휘발유만을 공급하도록 의무화했다.

한 사람이 '정의'라는 고상한 가치의 다스림을 받을 때, 수많은 사람이 건강을 얻게 되었다. 이것이 하나님의 뜻을 따라 세상을 다스리는 왕의 모습을 떠올리게 해 준다. 보통 사람들은 양심에 올바로 귀를 기울일 때, 고상한 가치관의 다스림을 받을 때 하나님의 뜻을 어느 정도 이루게 된다. 그러나 우리 그리스도인은 무엇보다도 가장 먼저, 가장 분명하게 하나님의 다스림을 받아야 할 사람들이다. 환경의 다스림, 저급한 이기심의 다스림, 욕망의 다스림, 죄와 사탄의 다스림을 거절하고 하나님의 다스림을 구하며 사는 자들이기 때문이다. 비록 평범한 삶을 산다고 해도 내가 서 있는 자리에서 왕 중의 왕이신 하나님의 말씀을 잘 듣고 살면, 내가 서 있는 그곳에서 나는 왕처럼 영향력을 미치면서 살 수 있다.

어떤 직책과 위치일지라도 상관없다. 하나님의 마음을 가지고 하나님의 뜻을 따라 봉사할 기회라고 여기며 하나님의 뜻대로, 하나님의 사랑으로 행하면, 그는 그곳에서 하나님의 도구가 된다. 그리스도인은 어려움 가운데 있을 때 좌절감과 절망이 다스리도록 마음을 내주지 말아야 한다. 하나님의 말씀이 마음을 채우게 하고 말씀을 묵상하고 암송하며 기도하면, 그는 주어진 환경을 다스리는 왕으로 살게 된다.

사도 바울은 어떤 형편에든지 자족할 수 있다고 고백했다. 비천하거나 풍부하거나, 배부르거나 배고프거나 하는 모든 상황에서 감사하고 찬송하고 기뻐하면서 누구보다 행복하게 살 수 있다고 고백했던 것이다. 그렇다면 그 사람이야말로 환경을 정복하는 진정한 왕이 아닌가! 그런데 어떻게 그렇게 될 수 있는가? 바울 사도는 이렇게 고백했다. "내게 능력 주시는 자 안에서 내가 모든 것을 할 수 있느니라"빌립보서 4장 13절

그 비결은 '능력 주시는 자 안에 있는 것'이다. 즉 능력을 주시는 하나님의 다스림을 받는 것이다. 왕이신 하나님의 다스림을 받는 자는 어떤 상황이 온다고 해도 그 상황을 다스리는 왕 같은 존재로 살아가게 된다는 것이다. 사무엘서가 말하는 왕들의 이야기는 사실상 우리들의 이야기다. 우리도 왕으로 살도록 부름을 받았다. 하나님의 다스림을 받으면 어떤 상황이든지 우리는 환경의 종으로 사는 것이 아니라 환경을 다스리는 왕으로 살 수 있는 것이다. 이것이 그리스도인의 특권이요 영광이다.

🐑 순종이 제사보다 낫다
(사무엘상 15장 17~23절)

자신이 전쟁의 주인이 되다

사무엘서는 왕들의 이야기가 핵심 내용이다. 왕은 큰 권력을 쥐고 그 힘을 행사하는 자이다. 그런 왕에게 가장 필요한 것은 자기에게 있는 외적인 힘을 다스릴 수 있는 내적인 힘이다. 그런 힘은 어디서 나오는가? 하나님의 다스림을 받는 일상에서 나온다. 그러나 왕들은 외적인 힘은 끝없이 추구하지만, 그 힘을 다스릴 수 있는 인격적이고 도덕적인 힘에는 무관심한 경우가 많다.

사무엘은 사울을 왕으로 세우면서 왕이 지녀야 할 자세를 당부했다. 하나님을 공경하는 왕이 되어야 한다는 것이다. 다시 말해서 힘을 다스리는 힘을 갖도록 자기 위에 계시는 왕이신 하나님을 기억하고, 자신은 그분의 종임을 잊지 말라고 강조한 것이다. 그런데 사무엘은 이런 당부만으로 충분하지 않음을 알았고, 사울이 그런 왕이 되도록 실전에서 훈련을 시키려 한다.

사울이 왕이 되고 이 년 정도가 흐른 뒤 길갈에서 전투를 할 때이다. 그가 왕이 된 것은 권력투쟁을 통해서나 전쟁에서의 혁혁한 공을 통해서 된 것이 아니었기에, 왕으로 뽑힌 사울은 백성들에게 왕의 지도력을 보여 주어야 했다. 당시 이스라엘 백성들은 뛰어난 철제 무기를 가지고 계속 영토 확장을 꾀하고 있던 블레셋의 위협에서 벗어나기를 기대했다. 사울에게는 블레셋을 격파하여 왕의 지도력을 확보하고 백성들로부터 지지를 얻을 수 있는 기회였다.

이에 사울은 블레셋과 전쟁을 시작한다. 군사 삼천 명을 길갈에 모아 블레셋을 칠 준비를 한 것이다. 블레셋은 이스라엘보다 훨씬 더 큰 규모의 군대를 준비했다. 드디어 두 나라는 격전에 돌입하게 되었다. 이렇게 전쟁이 시작되면 다른 나라들의 경우에는 왕이 공격 시점을 판단하고 전쟁 시작을 명령한다. 그런데 사무엘은 먼저 자신이 제사를 드려 하나님의 명령을 받은 뒤 전쟁을 치르도록 사울을 가르치려고 했다. 이를 통해 사울로 하여금 하나님을 왕으로 모신 거룩한 전쟁의 전통을 이어 가도록 한 것이다.

사울이 군사를 모은 길갈이라는 장소는 원래 여호수아가 여리고성을 치러 갈 때 지휘 본부가 있던 곳이다. 당시 여리고성은 지금 사울이 싸워야 하는 블레셋 군대보다 더 강력한 요새였다. 이런 여리고성을 공격할 때 여호수아는 어떻게 했는가? 오직 하나님의 명령을 따랐다. 말씀을 따라 길갈에서 여리고성으로 하루에 한 번씩 갔다. 그리고 매일 하루에 한 바퀴씩 육 일 동안 돌기만 했다. 그리고 칠 일 째는 일곱 바퀴를 돌고, 마지막에는 백성들은 큰 소리로 외치고 제사장은 나팔을 불게 했다.

참 이상한 명령이라는 생각이 든다. 이렇게 하면 전력이 다 노출되고, 그러는 중에 성 안의 병사들에게 공격받을지도 모른다. 그러나 이것은 적의 사기를 완전히 꺾어 버리는 탁월한 심리 전술이었다. 더 중요한 것은, 여호수아가 비록 자기가 생각하기에 이해되지 않는다고 할지라도 끝까지 그 명령을 따랐다는 점이다. 마침내 여리고성이 무너지고, 이스라엘은 전쟁에서 이기게 되었다. 그 전쟁에서 대장은 철저하게 하나님이셨고, 여호수아는 대장이신 하나님의 명령을 따라 전쟁을 수행했던 것이다.

사무엘은 사울도 이런 여호수아를 본받아 하나님의 전쟁을 치르는 법을 배우기를 원했다. 길갈에 군대를 모은 다음에 제사를 드리고, 그때 주시는 하나님의 명령을 받은 후 그 명령을 따라 하나님을 대장으로 모시고 전쟁을 하는 훈련을 했던 것이다. 그러나 사실 이 훈련을 통과하는 것은 쉬운 일이 아니다.

불순종

사울은 사무엘이 와서 제사를 드릴 것을 기다렸다. 그런데 시간이 지나도 여전히 사무엘이 도착하지 않았다. 주위를 보니 병사들이 한두 사람씩 빠져나가는 모습이 보이고 있었다. 그리고 블레셋이 점점 더 가까이 다가온다는 소식을 들었다. 그러면서 그의 내면에서 갈등이 일어나게 되었다. 초조해진 사울은 자신이 직접 번제를 드리기로 결정을 내린다. 그런 후에 자신이 전쟁 개시 명령을 내리고 전쟁을 시작하려고 했다. 말하자면, 사단장이 공격 명령을 내리지도 않았는데 대대장이나 중대장이 자기 마음대로 공격 명령을 내리려 했던 것과 같다. 사단장에게 전쟁의 전체적 전략이 있는데, 하급 지휘관이 알아서 전쟁을 시작하려고 하는 것이다.

전쟁에 앞서 제사를 드린다는 것은 블레셋과의 전쟁이 하나님께서 친히 인도하시는 거룩한 전쟁임을 고백하고 선포하는 의식인데, 사울은 그것을 생략하고 자신이 전시 작전권과 통수권을 행사할 것이라고 포고한 것이다. 이것은 사울이 하나님의 군권을 찬탈한 것과 같다. 그 결과 사울은 이스라엘 백성들을 하나님의 명령을 따라 진퇴하는 하나님의 백성이 아니라, 인간 왕의 명령을 따라 움직이는 왕국 백성으로 전락시키고 만 것이다. 이런 사울의 모습은 하나님의 명령을 따라 여리고성을 칠 일을 돌며 전쟁을 치렀던 여호수아와는 너무나 대조적이다.

사울이 제사를 마칠 즈음에 비로소 사무엘이 도착한다. 왜 스스로 제사를 드렸느냐고 사무엘이 책망하자, 사울은 자신의 상황을 변명한다. 블레셋 사람들이 공격해 오고 백성들은 흩어지기에 부득이 자신이 번제를 드렸다는 것이다. 이에 사무엘이 말한다. "왕이 망령되이 행하였도다 왕이 왕의 하나님 여호와께서 왕에게 내리신 명령을 지키지 아니하였도다 …… 여호와께서 왕에게 명령하신 바를 왕이 지키지 아니하였으므로 여호와께서 그의 마음에 맞는 사람을 구하여 여호와께서 그를 그의 백성의 지도자로 삼으셨느니라" 사무엘상 13장 13, 14절

사무엘이 사울을 책망한 이유가 무엇인가? 사울이 왕으로서 자기 위의 하나님을 왕으로 모시는 모습을 보이지 않았기 때문이다. 인간 왕은 어디까지나 하나님의 군권을 대행하는 대리자여야 했는데, 사울은 자기가 하나님의 자리에 앉아서 자신의 자율적인 판단에 따라 전쟁을 시작하고 또 그만둘 수 있는 권한이 있는 자처럼 행동한 것이다. 이것은 하나님께서 원하셨던 왕의 모습이 아니라, 권한을 자기 마음대로 사용하는 주변국 왕들의 모습이었다. 이것이 사울이 폐위당하게 된 이유였다.

전쟁의 이유

사울왕이 하나님의 다스림을 받지 않았다는 것은 아말렉 족속과 벌인 전쟁에서의 처신에서도 드러난다. 하나님께서는 사

울에게 아말렉을 진멸하라고 명령하셨다. 일찍이 아말렉 민족은 이스라엘 백성이 애굽에서 나올 때에 길에서 대적한출애굽기 17장 8~16절 족속으로, 하나님께서는 이들을 심판하기로 작정하셨다출애굽기 17장 8~14절. 이에 하나님께서는 사울에게 그 민족을 진멸하는 전쟁을 하게 하셨다. 그 민족과 그들에게 속한 모든 것을 다 진멸하는 전쟁을 '헤렘 전쟁'이라고 한다.

이런 헤렘 전쟁 이야기를 읽으며 우리가 이런 질문을 떠올릴 수 있다. '하나님께서는 어떻게 이런 잔인한 전쟁을 명령하실 수 있는가?' '하나님께서는 잔혹한 분이신가?' 하지만 우리는 이 사건이 그 시대의 문화 속에서 일어났다는 것을 먼저 이해해야 한다. 사실 당시에는 나라들이 전쟁을 할 때 상대편 나라에 속한 모든 것을 진멸하려 들곤 했다. 이는 잔인한 살육의 방식을 통해 주변에 큰 공포감을 주고 자신들의 힘을 과시하려는 목적이었다.

그러나 하나님께서 진멸을 명하신 목적은 다르다. 이스라엘의 진멸 전쟁은 악을 제거하시는 하나님의 심판을 대행하기 위한 것이었다. 즉 악을 심판하고 공의를 집행한다는 분명한 명분이 있을 때만 전쟁을 치르도록 하는 것이다. 또 이 전쟁에서는 전리품을 아무것도 남기지 말라고 하셨다. 이것은 전리품 획득을 목적으로 전쟁을 일으키면 안 된다는 것이다. 당시에는 왕들이 전리품을 얻고 정복욕을 충족하기 위해서 정당한 명분이 없는 전쟁을 일으키는 경우가 많았기 때문이다. 하나님께서는 사울이 아말렉을 진멸하는 헤렘 전쟁을 통해 스스로 하나님의 일을 집행하는 대리자일 뿐임을 깨닫고, 하나님께서 정하신 이유로만 전쟁을 하는 하나님의 다스림을 받는 왕이 되기를 원하셨다.

그러나 이런 사명을 받아 전쟁을 시작한 사울은 아말렉 족속의 왕인 아각을 죽이지 않고 살려 둔다. 그리고 아말렉의 모든 것을 파쇄하라는 명령에도 불구하고 아말렉의 재화들 중 쓸 만한 것들은 전리품으로 남긴다. 그가 아말렉 왕 아각을 살려 둔 것은 나중에 그에게서 계속 조공을 얻기 위해서고, 전리품을 남긴 것은 탐이 났기 때문이다. 사울은 승리를 기념하기 위해서 자기 이름을 새긴 기념비도 세운다. 사울은 악을 심판하고 공의를 실행하는 명분에 따라 하나님께 전쟁을 명령받았지만, 그는 오히려 그 전쟁을 조공과 전리품을 탐하는 전쟁으로 변질시켰다. 그리고 하나님의 공의를 드러내야 할 전쟁을 자기의 이름을 드러내는 전쟁으로 바꾸어 버렸다.

세계의 역사를 살펴보면 수많은 전쟁들이 정당한 명분이 없이 탐욕으로 말미암아 저질러졌다. 두 차례의 세계대전도 사실 일찌감치 해외 식민지 개척에 나서 성공을 거둔 선발 제국주의 진영과 식민지 획득에 실패한 후발 제국주의 진영이 맞붙은 전형적인 제국주의 전쟁으로, 명분이 없는 전쟁이었다.

1차 세계대전 중에는 이런 일화가 있었다. 세계대전이 발발한 지 6개월이 채 되지 않은 1914년 12월 24일이었다. 백 미터도 안 되는 거리를 사이에 두고 프랑스와 영국의 연합군과 독일군이 마주 보며 전투를 치르고 있었는데, 이때는 예수님께서 탄생하신 성탄절의 전야였다. 그때 누군가 참호에서 '고요한 밤 거룩한 밤'을 불렀다. 그러자 맞은편 참호에서도 찬송을 따라 부르는 소리가 들렸고, 그렇게 그날은 병사들이 전쟁을 쉬고 함께 찬송을 불렀다고 한다.

　생각해 보면 평화롭게 이웃이 되어 살던 사람들이 이해관계 때문에, 소속된 나라의 차이 때문에 하루아침에 원수가 되어 서로 총부리를 겨눈 것이다. 인간이 만든 이념과 탐욕이라는 잘못된 명분으로 얼마나 많은 이들이 원한도 없는 이들을 원수로 여기며 죽였는가? 한국전쟁도 한 민족이 갑자기 둘로 갈라지더니 서로 원수가 되어 동족을 원수를 죽이듯이 죽인 일이 아닌가? 또 왕이 자신의 이름을 내기 위해서, 또는 정복욕을 추구하기 위해 전쟁을 일으키는 경우가 얼마나 많았는가?

　피라미드나 진시황제의 무덤을 생각해 보자. 지금은 관광자원이지만, 왕의 탐욕과 욕망이 낳은 그 건축물 하나를 만들기 위해서 얼마나 많은 사람들이 평생을 허무한 데 낭비해야 했는가? 그 건축물이 귀한가, 그것을 짓기 위해서 희생된 사람들이 귀한

가? 왕은 건축물이 아니라 백성들의 삶을 세워야 했다.

가나안의 왕들처럼

이렇게 사울이 전리품을 남겨 두고 승리의 기쁨에 젖어 있었을 때, 사무엘이 사울을 찾아왔다. 그리고 왜 명령대로 행치 않았느냐고 물었다. 이때 사울은 좋은 전리품을 남긴 것은 하나님께 제사하기 위해서라고 변명을 했다. 이때 사무엘이 말한다. "여호와께서 번제와 다른 제사를 그의 목소리를 청종하는 것을 좋아하심 같이 좋아하시겠나이까 순종이 제사보다 낫고 듣는 것이 숫양의 기름보다 나으니 이는 거역하는 것은 점치는 죄와 같고 완고한 것은 사신 우상에게 절하는 죄와 같음이라 왕이 여호와의 말씀을 버렸으므로 여호와께서도 왕을 버려 왕이 되지 못하게 하셨나이다 하니" 사무엘상 15장 22, 23절

사울은 전쟁을 마음대로 시작하기 위해 제사장이 아니면서도 직접 제사를 주관했고, 또 거룩한 명분의 전쟁마저도 자신의 탐욕과 정복욕을 위한 전쟁으로 변질시켰다. 그는 주변 가나안 도시국가의 왕들처럼 행동한 것이다. 바로 이런 우려 때문에 하나님께서는 왕정제도로의 전환을 염려하셨는데, 사울은 처음부터 그런 왕의 모습을 보이고 말았다. 자기 욕망을 성취하기 위해서 백성들을 희생시키고 그들을 자기의 노예로 만드는 오만하고 악

한 이방 왕들처럼 행세한 것이다. 이는 일찍이 하나님께서 출애굽으로 이집트로부터 해방과 자유를 얻게 해 주셨던 일을 무효화하는 것과 같았다. 장소와 왕이 바뀌었을 뿐, 본질은 이집트에서와 똑같기 때문이다. 이런 왕을 하나님께서는 기뻐하지 않으신다. 그래서 하나님께서는 사울을 폐위하신 것이다.

우리들 속에도 존재하는 사울

사울왕의 이야기는 오래전 이야기이다. 그러나 그 이야기는 우리들의 이야기이기도 하다. 왜냐하면 우리도 사울처럼 행동할 때가 많기 때문이다. 사울이 스스로 전쟁의 주인 노릇을 하려고 했던 것처럼, 우리도 자기 삶의 주인이 되어 살려고 한다. 자기에게 있는 소유나 시간, 재산, 직위를 하나님의 뜻과 아무런 상관없이 자기 마음대로 사용할 수 있다고 여긴다. 각자 스스로 왕이 되어 사는 것이다. 믿는 사람들도 예수님을 주님이라 부르면서도 실제로는 주님이 없는 것처럼 사는 경우가 많다. 예수님께서는 "너희는 나를 불러 주여 주여 하면서도 어찌하여 내가 말하는 것을 행하지 아니하느냐"누가복음 6장 46절라고 말씀하셨다. 실제로 자신이 주인 노릇을 하며 사는 것이 우리 속에 있는 사울의 모습이다.

또 사울은 하나님의 명분이 아니라 탐욕과 이기적 욕심을 따라서 움직였다. 우리가 움직이는 실제 동기도 탐심일 때가 많다. 바울 사도가 말한다. "그러므로 땅에 있는 지체를 죽이라 곧 음란과 부정과 사욕과 악한 정욕과 탐심이니 탐심은 우상 숭배니라"골로새서 3장 5절 그것은 하나님을 믿는 것이 아니라 우상을 숭배하는 것이라고 한다. 사울의 모습은 오래전의 역사 속에만 있는 것이 아니다. 매일 뉴스에 등장하는 수많은 사람들 속에 있다. 그리고 바로 우리에게도 있다. 사울의 이야기는 곧 우리들의 이야기이다.

하나님께서는 사무엘을 통해 사울을 하나님께서 기뻐하시는 왕으로 훈련시키고 세워 가고자 하셨던 것처럼, 우리들도 하나님께서 기뻐하시는 사람으로 훈련시키려고 하신다. 우리가 사울처럼 행동하는 모습을 하나님께서는 기뻐하실 수가 없다. 우리도 사실은 왕 같은 존재로 창조하셨기에, 하나님께서는 우리가 진정한 왕으로 살기를 바라신다. 주어진 모든 상황 속에서 정말 하나님을 왕으로 모시고 환경을 극복하며, 내면의 욕망도 이겨내고, 마음의 풍랑도 이겨내는 그런 왕으로 살기를 기대하시는 것이다.

우리는 우리 안에 있는 사울을 제거해야 한다. 자기 마음대로 하려는 사울, 욕심을 숭배하려는 사울, 그런 사울을 우리 속에서 제거해야 한다. 하나님의 명령에 순종함으로써 우리가 어디에 있든지 그곳에서 하나님을 주인으로 모셔야 한다. 바른 왕의 모습을 알고 하나님께서 기뻐하시는 왕의 모습을 훈련해야 한다.

왕관의 그림

인간의 위치에 관한 두 가지 그림*을 소개하려고 한다. 첫 번째 그림을 주목해 보자. 창세기에 나오는 하나님께서 세상과 인간을 창조하신 내용이다. 하나님께서는 그들을 어떻게 창조하셨는가?

이 그림이 보여 주는 첫 번째 사실은 제일 높은 큰 왕관이 있다는 것이다. 그 왕관은 왕이신 하나님을 의미한다. 그 왕관 아래 작은 왕관을 쓰고 있는 두 명의 인간이 있다. 사람은 왕이신

---

* Vaughan Roberts, *Life's Big Questions: Six major themes traced through the Bible* (IVP, 2003), 15-16.

하나님의 형상을 따라 작은 왕들로 창조되었다. 그런데 이 작은 왕들은 큰 왕이신 하나님의 통치 아래 있으면서 하나님의 명령을 따라 행해야 한다. 그럴 때 땅을 제대로 다스리는 왕이 되는 것이다.

둘째는, 작은 왕관을 쓰고 있는 두 사람이 함께 서 있다는 사실이다. 이 둘은 서로 돕는 배필이다. 돕는 배필이란, 두 사람이 왕이신 하나님의 통치 아래 있으면서 그분의 사랑을 본받고 그분의 가르침을 따라 서로를 돕는 관계를 뜻한다. 이 관계 안에서는 서로가 서로에게 복이 된다.

셋째는, 작은 왕관을 쓴 두 사람이 세상 위에 서 있다는 것이다. 즉 이들은 땅을 다스리라는 소명을 받았다. 땅을 다스린다는 것은 이기적 욕망을 따라 세상을 착취하고 약탈하는 것이 아니다. 자기가 발을 딛고 있는 땅, 자기가 관계를 맺고 있는 세상, 자기가 일하고 있는 현장에서 하나님의 뜻대로 행함으로써 세상을 복되게 하는 것이다. 하나님께서 아브라함에게 "너는 가서 복이 되어라"라고 축복하시며 하신 말씀처럼, 자기를 위해서 상대를 지배하지 않고 자기가 상대에게 복이 되는 것이다. 이것이 곧 섬기는 것이다. 이 원리대로 행하면 온 세상에 복이 된다.

이러한 모습이 바로 왕의 모습이다. 이렇게 하나님을 공경하고 서로 섬기면서 사는 것이 곧 인간으로서 세상을 다스리는 것이다. 하나님께서 예수님을 통해 보여 주신 다스림의 모습이 그랬다.

또 하나의 그림을 보자. 이 그림이 첫 번째 그림과 어떻게 다른지 주목해 보자.

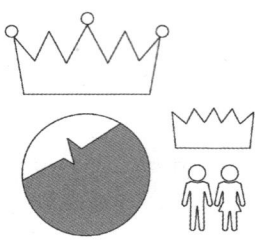

이번에도 큰 왕관이 보인다. 그런데 그 아래 작은 왕관을 쓴 인간이 그 왕관의 통치를 떠나 있다. 이것이 바로 타락한 인간의 모습이다. 인간이 하나님의 다스림을 거부하고 스스로 왕이 된 것이다. 선과 악을 알게 하는 나무의 열매가 의미하는 것처럼, 자기가 모든 가치 판단의 기준이 된다. 그리고 스스로 독립된 통치자로 선다. 자기가 자신에게 신이 되는 것이다. 이것이 바벨탑의 정신이다.

이렇게 되면 어떠한 결과가 뒤따르겠는가? 서로가 서로에게 왕이 되고 주인이 되려고 한다. 힘을 겨루고 싸우고 빼앗으려 하고 전쟁한다. 자기 위에 하나님이 없기에, 자기가 왕이 되어 가능한 많은 사람들을 지배하려 한다. 이 세상에서는 서로가 복이 되지 못한다. 사람은 임의로 남을 다스림으로써 하나님의 복된 대리자가 아니라 마귀의 대행자가 되고 마는 것이다. 하나님의 통치를 받지 않는 이들은 결국 욕망의 노예로 산다. 결코 진정한 왕이나 진정한 자유자가 아니다.

하나님께서는 우리가 두 그림 중 첫째 그림에 속한 사람이 되기를 원하신다. 둘째 그림에 속한 사람들이 첫째 그림의 모습으로 되돌아오기를 바라고 계신다. 한때 우리 사회에서 '비정상의 정상화'라는 말을 많이 했다. 무엇이 비정상인가? 사람들이 스스로 왕 노릇을 하는 것이 비정상이다. 비정상이 정상처럼 되어 있으니 문제가 더 심각한 것이다.

모든 일이 하나님의 가치, 하나님의 말씀으로 다스려져야 사람이 살고 있는 현실이 변화된다. 그래야 그 땅에 복이 온다. 남북관계를 생각해 보자. 미움과 복수심이 각자의 마음을 지배하면 결코 이 땅에 통일이 올 수 없다. 평화, 나눔, 긍휼과 같은 하나님 나라에 속한 생각이 우리의 마음을 다스릴 때, 비로소 이 땅에 통일이 오는 것이다.

교회에서도 마찬가지이다. 대형교회의 담임목사가 하나님 나라와 보편 교회를 생각하면서 기득권을 내려놓는다면, 그는 하나님의 나라를 위하는 큰 원칙과 명분의 통치를 받는 것이다.

그렇게 결단하는 한 사람이 이 땅에 하나님의 나라를 오게 하는 하나님의 도구가 된다.

우리도 마찬가지이다. 매일 하나님의 말씀을 듣고 그 말씀에 순종하는 연습을 해 가야 한다. 하나님께서 사울을 진정한 왕으로 훈련하셨던 것처럼, 우리들도 이 땅에서 왕 같은 하나님의 형상으로 살도록 훈련하고 계신다. 감사의 명령에 순종하면 불평의 땅을 다스릴 수 있게 된다. 말씀을 주야로 묵상하며 말씀의 통치를 받으면 마음의 땅을 다스릴 수 있다. 불안을 다스리고 염려의 산을 넘어갈 수 있다.

이렇게 되면 우리는 환경의 종 노릇이 아니라 환경의 왕 노릇을 하게 된다. 하나님께서는 우리를 구원하셔서 하나님의 형상을 회복하시고 우리를 왕 같은 존재로 살게 하신다. 이러한 하나님의 길을 걷는 방법은 오직 하나님의 다스림, 하나님의 통치를 잘 받는 것이다. 하나님께서 우리가 다스림을 받아 다스리는 왕으로 살기를 원하신다는 사실을 잊지 말아야 할 것이다.

하나님께서는 이런 사람을 찾으신다
(사무엘상 17장 41~49절)

하나님의 기준

입시 때 학교마다 학생을 선발하는 나름의 기준이 있다. 국어와 영어에 더 비중을 두기도 하고, 수학에 더 비중을 두기도 한다. 학과 외의 활동을 눈여겨보는 학교도 있다. 회사도 사원을 뽑을 때 학벌, 경력, 성품 등 주안점을 두는 나름의 선발 기준이 있다. 하나님께서는 사울을 왕에서 폐위하시고 다윗을 왕으로 세우셨다. 사울을 버리고 다윗을 택하신 것은 하나님의 자유이지만, 그래도 그 기준이 있었을 것이다. 그 기준은 과연 무엇이었을까?

하나님께서는 다윗을 하나님의 마음에 합한 사람이라고 말씀하신다. 그러므로 우리는 다윗을 통해서 하나님께서 사람을 택하실 때 우선하여 찾으시는 그 기준을 볼 수 있을 것이다. 그렇다면 그 기준은 무엇일까? 하나님께서 사용하시는 사람이 되고 싶다면, 하나님께서 다윗을 택하신 이유에 주목해야 한다.

더 크게 보아야 하는 것

하나님께서 사울을 대신하여 세우시는 왕을 찾기 위해서 사무엘은 하나님의 인도를 따라나선다. 베들레헴 사람 이새의 아들 중 하나를 왕으로 선택하셨다는 하나님의 말씀을 따라, 그는 베들레헴에 도착하여 이새와 그의 아들들을 제사에 초대한다. 일곱이나 되는 아들들이 사무엘 앞에 말끔하게 차려입고 섰다. 장남 엘리압을 보자마자 사무엘은 그의 준수한 외모를 보고, 곧바로 이 사람이 하나님께서 찾으시는 사람이라 생각하며 혼잣말로 이렇게 말했다. "여호와의 기름 부으실 자가 과연 주님 앞에 있도다"사무엘상 16장 6절

그런데 하나님께서는 그의 외모만 보지 말고 오히려 보이지 않는 면을 더 주목해야 할 것을 강조하신다. "사람은 외모를 보거니와 나 여호와는 중심을 보느니라"사무엘상 16장 7절 그래서 사무엘은 다른 아들들도 차례로 살펴보았지만, 하나님께서는 계속해서 아니라고 하셨다. 무려 일곱 번이나 같은 일이 반복되었다.

실망한 사무엘이 이새에게 이 아들들이 전부인지를 묻자, 이새는 막내 하나가 있는데 그는 들에서 양을 치고 있다고 대답했다. 아버지가 그 막내를 전혀 고려하지 않았던 것은 아버지가 보기에도 그는 전혀 지도자감이 아니었기 때문이다. 그러나 사무엘은 그를 데리고 오라고 했고, 그는 곧 들에서 양을 치던 모습

그대로 와서 사무엘 앞에 섰다. 잘 차려입은 형들에 비하면 외모가 볼품이 없었던 것이 당연하다. 그런데 사무엘이 그를 만나자, 즉시 하나님께서는 그가 바로 하나님께서 찾으시는 그 사람이라고 알려 주셨다. 사무엘이 곧바로 그에게 기름을 부어 왕으로 세웠으니, 그가 바로 다윗이다.

중심을 보시는 분

하나님께서는 많은 아들 중에서 하필 다윗을 택하셨다. 그 기준이 무엇인가? 외모가 아니라 중심이다. 하나님께서 보신 다윗의 중심은 무엇일까? 다윗은 아무도 보지 않는 들에서 양을 치며 지냈다. 아무도 보지 않는 그곳에서 다윗이 무엇을 어떻게 했는지가 다윗의 중심을 보여 준다.

다윗이 양을 치던 들에서는 맹수들이 양을 노리는 때가 많았다. 이때 그는 어떻게 했는가? 대부분의 목자들이 그랬듯이 양을 두고 도망칠 수도 있었다. 하지만 그는 양을 지키기 위해서 맹수와 목숨을 걸고 싸웠다. 맡은 양을 보호해야 한다는 책임감이 그에게 있었던 것이다. 하나님께서 다윗에게서 보셨던 그 중심은 이런 목자의 마음이다. 한 나라의 왕에게 가장 필요한 요건이 바로 백성들을 위하여 자신을 헌신하는 목자의 마음이 아닌가? 이런 중심이 없다면, 아무리 외모와 경력이 화려해도 그는 결코 왕이 되어서는 안 된다.

사울의 모습은 다윗의 이런 모습과 뚜렷한 대조를 보인다. 하나님께서 사울을 폐위하신 이유도 그의 중심을 보셨기 때문이다. 하나님께서는 사울에게 아말렉과의 전쟁을 명령하시면서 아말렉에 속한 모든 것을 진멸하라고 하셨다. 이 전쟁은 하나님의 선한 뜻을 방해한 악의 무리를 공의로이 심판하는 전쟁이었다. 승리를 얻은 사울은 하나님의 명령대로 해야 했다. 하지만 어떻게 했는가? 전리품 중 좋은 가축이나 물건을 남겼다. 그리고 그 이유를 하나님께 제사하기 위함이라고 둘러대면서 전리품에 대한 자신의 탐심을 숨겼다.

사람들은 전쟁에서 승리한 사울의 능력 있는 겉모습을 봤을지 모르나, 하나님께서는 사울의 감춰진 중심을 보셨다. 이런 마음을 가진 자가 왕으로서 계속 다스린다면 어떻게 될까? 더 많은 전리품을 얻고자 하는 욕심으로 하나님께서 자기에게 맡겨 주신 백성들을 전쟁터로 내몰았을 것이다. 양을 지키기 위해서 자기의 몸을 아끼지 않았던 다윗과 얼마나 대조적인가? 하나님께서 사울을 버리신 이유, 다윗을 택하신 이유는 동일하다. 외모가 아니라 중심이었다.

사무엘이 새 왕을 찾기 위해 베들레헴으로 가서 하나님의 마음에 합한 자를 만났다는 것은, 역사적 사실이면서도 동시에 하나의 중요한 예언이 된다. 훗날 별을 쫓아온 동방박사들이 도달한 곳이 바로 베들레헴의 말구유 앞이었다. 그 누추한 곳에서 만난 아기 예수님께서는 다윗처럼 외모로 보자면 결코 왕의 모습이 아니셨다. 하지만 그 중심은 어떠하신가? 아기 예수님께서는 자신의 몸을 가축의 먹이통인 구유에 누이셨다. 다윗이 양 떼를 살리기 위해 자기를 던졌던 것처럼, 다윗의 후손 예수님께서는 인류를 구원하시기 위해 자신의 몸과 피를 생명의 양식으로 주셨다. 하나님께서 보시는 참된 중심이 바로 그분께 있었던 것이다.

하나님께서 우리의 외모가 아니라 중심을 보신다는 것은 두려운 말씀이다. 하나님 앞에서 숨길 수 있는 것은 아무것도 없다는 뜻이기 때문이다. 그러므로 중심에 잘못된 것이 있다면 즉시 회개해야 한다. 참된 신앙인은 겉모습이 아니라 자신의 마음과 보이지 않는 동기에 더 주의하는 사람이다. 내면의 중심과 달리 외모만 꾸미려는 것은 하나님께서 가장 싫어하시는 위선이 된다는 것을 잊지 말아야 한다.

그러나 하나님께서 중심을 보신다는 말씀은 두려운 말씀일 뿐만 아니라 위로의 말씀이기도 하다. 뜻밖에 일이 어렵게 전개되고 사람들에게 오해를 받는 경우가 있다. 그럴 때는 어떻게 방향을 잡아야 할지 우왕좌왕하기 쉽다. 하지만 우리가 어떻게 해야 하는지는 분명하다. 내 중심을 바르게 하여 참고 인내하는 것이다. 하나님께서 중심을 보고 계시기 때문이다. 남들은 그런 우리를 보면서 다양한 평가를 하겠지만, 하나님께서는 우리의 마음을 알아주신다. 중심을 보시는 하나님께서 중심이 바른 또 다른 다윗을 지금도 여전히 찾고 계시기 때문이다.

거인 골리앗 앞에서

다윗이 하나님의 마음에 합했던 이유를 보여 주는 또 하나의 장면이 있다. 블레셋이 이스라엘을 공격해 왔다. 대부분의 전투는 기습전이 아니면 전면전이다. 그런데 이번의 경우는 대표 장수끼리 싸워 싸움의 승패를 결정짓는 그런 전쟁이었다. 지는 쪽의 병사들은 모두 다 이기는 쪽의 노예가 되는 것이다. 이런 조건에서 블레셋이 먼저 자기 쪽의 장수를 내보낸다. 보니 키가 얼마나 큰지 대단히 위협적이다. 놋 투구를 쓰고 비늘 갑옷을 입고 다리에는 경갑을 찼고, 어깨에는 놋 단창을 두르고 베틀 자루와 같은 긴 창을 들고 나왔다. 그는 바로 그 유명한 골리앗이었다.

그를 바라보는 순간 두려움이 이스라엘 진영을 정복하고 말았다. 이렇게 두려움에 떨고 있을 때, 골리앗이 이스라엘 군사들의 사기를 완전히 바닥에 떨어뜨리는 말을 쏟아 낸다. 이스라엘 군대를 조롱하고 하나님의 백성들을 모욕하는 말이 전장을 울렸다. 그럼에도 불구하고 이스라엘 군사 중에 아무도 선뜻 나서는 이가 없었다. 노려보는 뱀 앞에 선 생쥐처럼, 그 앞에서 꼼짝도 못하고 얼어붙고 만 것이다. "사울과 온 이스라엘이 블레셋 사람의 이 말을 듣고 놀라 크게 두려워하니라"사무엘상 17장 11절

하나님의 영광이 더 중요했다

바로 이때 다윗이 등장한다. 그는 전쟁에 참전한 형들에게 음식을 가져다주기 위하여 전쟁터에 왔던 터였다. 다윗은 골리앗을 보면서 저렇게 큰 인간도 있구나 하고 생각했을 것이다. 이미 두려움에 정복당해 사기가 꺾인 이스라엘 군사들은 싸우러 나가기는커녕 하나씩 둘씩 뒤로 빠져 도망하기 시작했다사무엘상 17장 24절 그런데 다윗은 골리앗이 내뱉는 모욕적인 말을 들으면서 마음이 뜨거워지기 시작했다. "마침 블레셋 사람의 싸움 돋우는 가드 사람 골리앗이라 하는 자가 그 전열에 나와서 전과 같은 말을 하매 다윗이 들으니라"사무엘상 17장 23절 결국 그는 골리앗과 싸우겠다고 나서고 말았다. 하룻강아지 범 무서운 줄 모르는 어리석음 때문이었을까, 아니면 자기를 과시하려는 만용 때문이었을까?

그의 입에서 이런 말이 나왔다. "이 할례 받지 않은 블레셋 사람이 누구이기에 살아 계시는 하나님의 군대를 모욕하겠느냐"사무엘상 17장 26절 "주의 종이 사자와 곰도 쳤은즉 살아 계시는 하나님의 군대를 모욕한 이 할례 받지 않은 블레셋 사람이리이까"사

무엘상 17장 36절 그가 분연히 일어나 싸우려 했던 이유는 바로 하나님의 이름이 모욕을 받고 있기 때문이었다. 다윗을 감히 골리앗과 맞서는 자리로 나가게 한 동기는, 자기의 영광이나 명예가 아니라 하나님의 이름과 영광이었던 것이다. 하나님께서는 다윗의 이런 마음을 귀하게 보셨다.

말의 전쟁

다윗이 골리앗과 싸우려고 나가자, 골리앗은 무기도 제대로 갖추지 못한 그를 멸시하고 자기 신의 이름으로 저주했다. 다윗에게는 사실 변변한 무기도 없었다. 막대기 하나, 물맷돌 다섯 개가 전부였다. 하지만 그에게는 골리앗이 보지 못하는 무기가 있었다. 그것은 골리앗이 모욕했던 하나님 그분의 이름이었다. 다윗은 골리앗이 모욕했던 하나님 그분의 이름으로 골리앗에게 나아갔던 것이다.

하나님의 이름으로 나아갔다는 것은 살아 계신 하나님께서 자기를 위해서, 자기를 대신해서 장수가 되어 싸워 주신다는 것을 믿었다는 말이다. 당시는 이스라엘에 하나님께서 함께 계시지 않는 것처럼 보이는 상황이었다. 그래서 이스라엘 군사들은 두려워했고 또 도망쳤다. 하지만 다윗은 여전히 그 이스라엘 군대를 하나님의 군대라고 선언하며 이렇게 말한다. "살아 계시는

하나님의 군대를 모욕한 이 할례 받지 않은 블레셋 사람이리이까" 사무엘상 17장 36절

그는 그 두려운 현실 속에서 '살아 계신 하나님'이라는 표현을 사용한다. 골리앗이 위협하는 상황, 이스라엘 백성들에게 하나님께서 살아 계시지 않는 것처럼 보이는 상황, 하나님께서 살아 계신다면 왜 침묵하시느냐고 질문했을 그런 상황, 그러한 하나님의 부재의 현실에서, 다윗은 하나님께서 살아 계신다고 선포하는 것이다. 다윗은 골리앗이라는 현실보다 더 분명한 살아계신 하나님이라는 영적 현실을 믿음의 눈으로 보았다. 그 하나님께서 자신의 이름이 걸린 이스라엘 군대를 승리하게 하실 것이라 믿었던 것이다.

다윗이 보이는 현실을 넘어선 영적 현실이 있다는 것을 믿었던 것은 이번만이 아니다. 그는 광야에서 양을 칠 때 양을 노리는 사자의 포효하는 소리와 곰이 드러낸 이빨과 앞발에도 불구하고, 보이지 않지만 실재하시는 하나님을 믿었다. 하나님의 이름으로 광야에서 맹수와 대결하여 이겼던 다윗이, 그 하나님의 이름으로 전쟁터에서 골리앗과 맞서고 있었다. 그는 맹수와 같은 골리앗의 소리와 모습을 보면서도 그 현실에 압도되거나 주눅 들지 않았다. 그는 하나님께서 계신 더 높은 차원의 현실을 믿음의 눈으로 바라보며, 이렇게 외치며 돌진했다. "너는 칼과

창과 단창으로 내게 나아 오거니와 나는 만군의 여호와의 이름 곧 네가 모욕하는 이스라엘 군대의 하나님의 이름으로 네게 나아가노라" 사무엘상 17장 45절

골리앗과 같은 현실을 만나면 그 현실이 주는 두려움에 포박되기 쉽다. 패배주의에 빠지고 현실 앞에 굴복한다. 그러나 골리앗의 현실만 볼 것이 아니라, 하나님께서 함께 계신다는 영적 현실을 함께 볼 수 있어야 한다. 하나님께서 계시지 않는 것 같은 현실을 만날 때, 하나님께서는 살아 계시고 나를 사랑하신다는 신앙고백을 통해 내적 두려움을 이기고 골리앗 같은 현실에 도전하며 나아가야 한다. 문제가 생기고 질병이 생기고 어려움이 생길 때, 골리앗만 보지 말고 다윗처럼 '살아 계신 하나님'을 선포하고 나아가야 하나님의 이름으로 승리를 거둘 수 있다.

자기의 이름을 더 중시하는 사람

이런 다윗의 모습은 사울과 현저한 대조를 이룬다. 사울의 주된 관심은 하나님의 이름을 높이는 것이 아니라, 자기 이름을 높이는 것이었다. 하나님께서는 바로 그런 중심을 보신다. 우리에게도 자기 이름을 높이려는 욕망이 있다. 우리의 이름이 모욕을 받거나 자존심이 손상되면 매우 분노하지만, 거룩하신 하나님의 이름이 세상에서 멸시를 받는 것에는 별로 분노하지 않는다. 요

즘에는 명예훼손으로 고소하는 일들이 많다. 그만큼 자기 이름을 중요하게 여기는 것이다. 사울처럼 자기 이름이 땅에 떨어지는 것에 대해서는 심히 분노하지만, 다윗처럼 하나님의 이름이 모욕을 당하고 있는 것에 대해서 의분을 가지는 사람은 별로 없다. 교회 세습으로 하나님의 이름이 세상 속에서 모욕을 받고 있는데, 교회들은 어찌 그것을 감행할 수가 있는가?

그리스도인은 악한 세상이라는 골리앗과 마주하고 있다. 어떻게 맞서 이길 수 있는가? 하나님의 이름으로 나아가야 한다. 하나님의 방식으로 선하게, 분노가 아닌 화평의 방식으로, 교만이 아닌 겸손의 방식으로 나아가는 것이다. 그럴 때 악한 세상이라는 골리앗을 쓰러뜨리는 것이고, 하나님의 이름을 높이는 것이다. 하나님께서는 지금도 다윗과 같은 사람을 찾으신다. 중심이 바른 사람, 하나님의 이름으로 행하는 사람을 찾으신다. 그래서 그를 통해서 골리앗과 같은 현실을 넘어뜨리기를 원하신다.

이런 친구가 되라
(사무엘상 18장 1~4절, 사무엘상 19장 1~7절)

이런 친구

수년 전 '나는 가수다'라는 TV 프로그램에서 가수 임재범씨가 「여러분」이라는 노래를 불렀던 적이 있다.

> 네가 만약 괴로울 때면 내가 위로해 줄기
> 네가 만약 서러울 때면 내가 눈물이 되리
> 어두운 밤 험한 길 걸을 때
> 내가 내가 내가 너의 등불이 되리
> 허전하고 쓸쓸할 때 내가 너의 벗 되리라
> 나는 너의 영원한 형제야
> 나는 너의 친구야
> 나는 너의 영원한 노래야
> 나는 나는 나는 나는 너의 기쁨이야

노래 중에 카메라가 관중석을 비추었는데, 그 노래를 듣던 여러 관객들이 눈물을 흘리고 있었다. 노래에 담긴 임재범씨의 애절함 때문이기도 했지만, 모든 이들이 속에 참된 친구에 대한 그리움을 품고 있기 때문이었을 것이다.

박선호라는 사람이 있다. 이 사람은 1979년 10월 26일에 김재규 중앙정보부장이 박정희 대통령을 저격하던 당시, 중앙정보부의 의전과장이었다. 그는 자신의 직속 상관인 김재규 부장의 명령에 따라 대통령 경호원들을 사살하는 역할을 담당했다. 그는 곧바로 체포되었고, 김재규 부장과 함께 법정에 섰다. 그런데 이 사람은 재판이 끝나기까지 자신의 상관이었던 김재규 부장에 대해서 한 번도 불리한 증언을 하지 않았다. 그리고 끝까지 자기 부하들을 선처해 주기를 호소하면서 이런 말을 남겼다. "한 번 해병은 영원한 해병. 해병은 의리에 살고 의리에 죽습니다."

그는 오직 상관의 명령에 복종한 죄로 사형을 당한다. 그러나 당시 박선호씨에 대해 여론이 매우 우호적이었고, 많은 이들이 그의 죽음을 안타까워했다. 그것은 비록 그가 대통령을 암살한 사건에 연루되었을지라도, 그에게서 세상에서 보기 드문 친구의 모습을 봤기 때문이었을 것이다.

친구 요나단

다윗이 블레셋의 골리앗을 쳐서 이긴 후에 사울은 다윗을 자기 무관으로 삼고 왕궁으로 함께 돌아온다. 그때 개선하는 왕을 맞이하는 여인들이 이렇게 노래했다. "사울이 죽인 자는 천천이요 다윗은 만만이로다"사무엘상 18장 7절 자기에게 모든 영광을 돌려 주기를 기대했던 사울에게 이 노래는 매우 불쾌한 것이었다. 속 좁은 사울은 그것 때문에 다윗을 질투하기 시작했다.

그런데 사울의 아들 요나단은 오히려 다윗과 마음이 통하는 좋은 친구가 된다. 동양에서는 우정에 관하여 이야기할 때 관중과 포숙의 우정, 곧 '관포지교'를 언급하곤 하지만, 서양에서는 우정을 말하자면 바로 이 다윗과 요나단을 떠올린다. 요나단은 다윗이 여러 번 위험을 당할 때마다 그를 구출해 주었다. 사실 다윗을 질투해야 마땅한 사람은 오히려 사울보다는 요나단이었다. 요나단은 사울왕의 아들로서 왕위를 계승할 왕자였기 때문이다.

다윗이 골리앗을 죽인 이후 국민 영웅으로 부상했지만, 요나단 역시 병사 하나만을 데리고 블레셋 진영을 기습하여 큰 승리를 거두고 국민적 지지를 받고 있었던 영웅이었다사무엘상 14장. 오히려 다윗이 그저 잠재력이 있었을 뿐이었다면, 요나단은 왕으로서의 미래가 현실적으로 보장되어 있었다. 둘은 이스라엘의 왕권을 사이에 둔 매우 심각한 정치적 라이벌이라고 할 수 있었다. 이해관계가 누구보다 복잡하게 얽혀 있었다. 그런데 요나단은 그런 이해타산을 초월해서 다윗을 친구로서 사랑했다.

그는 골리앗을 이긴 다윗을 보고서 다윗이 자기보다 더 훌륭한 인물임을 알게 된다. 그리고 그를 사울왕의 후임으로 정하신 하나님의 주권적 뜻을 받아들인다. 미리 대권 경쟁을 포기한 것이 아니라, 백성들을 위해 자기보다 유능한 자가 왕이 되기를 바랐던 것이다. 요나단은 권력 자체를 목적으로 삼지 않았던 진짜 영웅이었다. 이스라엘 공동체가 잘되는 것이 그의 목적이었다. 권력 자체가 목적이 되어 버린, 잡은 권력을 결코 놓지 않으려고 하는 그의 아버지 사울과 얼마나 다른지 모른다. 어쩌면 권력을 향한 아버지의 광기 어린 모습을 보면서 진작 권력에 대한 야망을 접었는지도 모른다. 어쨌든 요나단은 다윗의 사심 없는 친구가 되어 그를 아버지 사울의 살해 위협에서 건져 준다.

만약 다윗에게 이런 친구 요나단이 없었다면 어떻게 되었을까? 두 가지 가능성이 있다. 하나는 다윗이 사무엘을 통해 받았던 기름 부음과 소명을 포기하고 이전처럼 단순한 목동 생활로 돌아가는 것이다. 공직으로 부름을 받은 매우 유능한 사람이 정치판에 큰 환멸을 느끼고 결국 그 자리를 포기해 버리는 경우 말이다. 또 하나의 가능성은 자신을 죽이려고 하는 사울왕에 대해 복수의 칼을 가는 것이다. 다윗은 백성의 인기를 바탕으로 반역을 시도했을 수도 있고, 사울을 죽일 기회가 주어졌을 때 그를 제거할 수도 있었다.

그러나 다윗은 그렇게 하지 않았다. 만약 그가 둘 중 어느 하나의 길로 갔다면, 오늘날 우리가 알고 있는 다윗은 있을 수 없었을 것이다. 그가 남긴 시편도, 그의 지도력이나 그의 겸손과 인내도 만나 볼 수 없었을 것이다. 다행히도 다윗은 그 두 가지의 길 중 어느 하나로도 빠져들지 않았다. 하나님께 받은 소명으로부터 도망하지 않고, 왕으로 세워진 그 기름 부음을 굳게 붙들었다. 사울의 끊임없는 살해의 위협 속에서도 하나님을 의지하면서 끝까지 세속적인 방식을 사용하지 않았다.

그가 그렇게 할 수 있었던 중요한 이유 중 하나가 바로 요나단이라는 친구의 존재였다. 우리도 마찬가지이다. 내가 괴로울 때면 위로해 주는, 내가 서러울 때면 눈물이 되어 주는, 내가 어두운 밤 험한 길 걸을 때 등불이 되어 주는 그런 요나단과 같은 친구가 있어야 한다. 그렇지 않으면 우리는 잘못된 길을 갈 수 있다. 우리에게도 요나단과 같은 그런 친구가 필요하다.

그대, 이런 친구 가졌는가

많은 사람들이 함석헌 옹의 「그런 사람을 가졌는가?」라는 시를 읽고 마음의 울림을 느꼈다고 한다.

만 리 길 나서는 길
처자를 내맡기며
맘 놓고 갈 만한 사람
그 사람을 그대는 가졌는가

온 세상이 다 나를 버려
마음이 외로울 때에도
"저 맘이야"하고 믿어지는
그 사람을 그대는 가졌는가

탔던 배 꺼지는 시간
구명대 서로 사양하며
"너만은 제발 살아다오" 할
그 사람을 그대는 가졌는가

불의의 사형장에서
"다 죽여도 너희 세상 빛을 위해
저만은 살려 두거라" 일러 줄
그 사람을 그대는 가졌는가

잊지 못할 이 세상을 놓고 떠나려 할 때
"저 하나 있으니" 하며
빙긋이 웃고 눈을 감을
그 사람을 그대는 가졌는가

이해인 시인이 쓴 「친구에게」라는 시도 있다.

부를 때마다
내 가슴에서 별이 되는 이름
존재 자체로
내게 기쁨을 주는 친구야

오늘은 산 숲의 아침 향기를 뿜어내며
뚜벅뚜벅 걸어와서
내 안에 한 그루 나무로 서는
그리운 친구야

때로는 저녁노을 안고
조용히 흘러가는 강으로
내 안에 들어와서

나의 메마름을 적셔주는 친구야

함석헌 옹이 그리워했던 "만 리 길 나서면서 처자를 맡길 그런 친구", 이해인 시인이 노래했던 "때로 저녁노을 안고 조용히 흘러가는 강으로 내 안에 들어와서 나의 메마름을 적셔주는" 그런 친구. 그런 친구가 참 그립다.

그런데 성경은 그런 친구가 우리에게도 있다고 소개한다. "이제부터는 너희를 종이라 하지 아니하리니 종은 주인이 하는 것을 알지 못함이라 너희를 친구라 하였노니 내가 내 아버지께 들은 것을 다 너희에게 알게 하였음이니라" 요한복음 15장 15절 옛날에는 노예와 주인 간에는 인격적인 관계가 있을 수 없었다. 스승과 제자의 서열도 매우 분명했다. 제자는 스승의 그림자도 밟지 않았다.

그런데 주님이시자 스승이신 예수님께서는 그 당시에 죄인들과 세리들을 자기의 친구로 불러 주셨다. 우리를 향하여 "너희를 친구라 하였노니"라고 말씀하여 주셨다. 얼마나 황송한 일인가?

친구를 위해서 내려오다

직위가 매우 높은 사람에게는 우리가 먼저 전화를 하려고 해도 진작에 비서실에서 차단되기가 쉽다. 그런데 만약 그 높은 사람이 먼저 우리에게 다가와 자기 명함을 주면서 "앞으로 자주 연락하고 지냅시다"라고 한다면, 정말 몸 둘 바를 모를 일이다. 직위가 높은 사람이 먼저 손을 내밀어 주지 않는 한, 평범한 사람이 먼저 그 사람에게 다가가는 것은 힘들다. 높은 사람과 친구가 되려면 위에 있는 사람이 먼저 친구가 되기 위해서 내려와야만 한다.

백악관The White House의 서관The West Wing은 미국 대통령의 집무실이다. 이 집무실 벽면에는 대통령의 직무 수행과 관련된 사진이 전시되어 있고, 그 사진들은 가장 최근의 것들로 신속히 교체된다고 한다. 그런데 그 벽에 오래 걸려 있는 사진 하나가 있었는데, 한 흑인 남자아이 앞에서 오바마Barack Obama 대통령이 구십 도로 깍듯하게 인사를 하듯이 허리를 숙이고 있는 사진이었다. 정장 차림을 한 아이는 허리를 숙인 오바마 대통령의 머리를 쓰다듬고 있었다. 그 꼬마 아이는 컬럼비아에 사는 제이콥 필라델피아Jacob Philadelphia라는 아이였다. 이 아이의 아버지는 전 해군이었던 칼튼Carlton이라는 사람인데, 그가 이 년간의 백악관 근무를 마치고 떠나면서 백악관에서 아들과 함께 대통령을 만난 것이다.

당시 이 아이의 나이는 다섯 살이었다. 제이콥이 오바마 대통령에게 "내 머리카락이 아저씨 머리카락과 비슷한지 알고 싶어요."라고 말을 던지자, 너무 작은 목소리라 알아듣지 못해 대통령이 "다시 한 번 말해 줄래?"라고 물었다. 이내 아이의 말을 알아들은 오바마 대통령은 "직접 만져 확인해 보렴!"이라고 말하고 제이콥의 눈높이까지 머리를 숙였다. 제이콥이 대통령의 머리카락을 만지는 장면을 백악관 전속 사진사가 포착하여 사진으로 남겼다.

예수님께서 우리를 친구로 불러 주시고는 "내가 하늘로 초대하니 올라오게."라고 말씀하셨다면, 누가 그곳에 올라가서 예수님을 만날 수 있겠는가? 의로운 사람만 그분을 만날 수 있다고 말씀하신다면, 누가 예수님을 만나 친구가 될 수 있는가? 예수님께서 왕족으로 태어나셨다면, 평범한 사람이 어떻게 그분을 찾아가 친구가 될 수 있었겠는가? 또 예수님께서 부자로 사셨다면, 어떻게 민중의 고민과 아픔을 이해할 수 있으셨겠는가? 예수님께서는 목수로서 노동을 하며 사셨고, 제자에게 배신을 당하기도 하셨다. 모두가 고통받는 사람들의 친구가 되기 위해서였다. 예수님께서는 우리의 친구가 되기 위해서 내려오셨고, 낮아지셨다.

친구를 위해 목숨을

예수님께서는 친구가 되기 위해서 우리를 찾아오셨고 우리를 '친구'라 불러 주셨지만, 그것으로 끝내지 않으셨다. "사람이 친구를 위하여 자기 목숨을 버리면 이보다 더 큰 사랑이 없나니" 요한복음 15장 13절 예수님께서는 이렇게 말씀하시고 실제로 우리를 위하여 십자가에서 목숨을 버리셔서 참 친구가 되셨다.

『인격이 운명이다』* 라는 책에는 이런 이야기가 나온다. 1894년에 폴란드에서 태어난 막시밀리안 콜베 Maksymillian Kolbe 라는 신부가 있었다. 그는 로마에서 박사학위를 받고 조국인 폴란드의 신학교에서 가르치다가, 폴란드에만 머물지 않고 러시아와 인도와 일본에 이르기까지 세계를 두루 다니며 복음 전파에 헌신했다. 그가 한창 복음 전파 사역을 위해 헌신할 때인 1939년에, 나치 독일이 폴란드를 점령하여 유대인들을 참혹하게 탄압하기 시작했다. 조국으로 돌아온 콜베 신부는 나치에 맞서 유대인들을 돕다가 붙잡혀, 1941년에 악명 높은 아우슈비츠 수용소에 수감되었다.

아우슈비츠에서 콜베 신부는 저녁이 되기까지 하루 종일 고된 노역을 하고 나서도, 막사를 돌아다니면서 "제가 도울 일이 없습니까?"라고 묻고 다녔다. 사람들은 콜베 신부가 있는 막사로 와서 위로와 기도를 받고 돌아가곤 했다. 그는 먹을 것이 생기면 자신이 먹지 않고 다른 사람에게 건네기도 했다. 당시에 아우슈비츠에 정기 검진을 다녔던 어느 의사의 증언에 따르면 콜베 신

---

* 존 맥케인, 마크 솔터 지음, 윤미나 옮김, 『인격이 운명이다』, 21세기북스, 2006.

부는 환자들의 긴 대열에서 항상 가장 마지막에 서서 기다렸고, 다른 사람이 다 진료를 받은 다음에야 진료를 받았다고 한다.

당시 아우슈비츠 수용소에서는 수용자들의 탈출을 막기 위해, 한 사람이 탈출하면 같은 막사에 있던 열 사람을 '아사 창고'에 보내어 굶어 죽게 했다. 찌는 듯한 더위가 한창이던 1941년 7월의 어느 날 밤이었다. 나치 교도관이 점호를 하다가 콜베 신부가 속한 막사에서 한 사람이 사라진 것을 알고, 그가 탈출한 줄로 여겨 수색을 나섰지만 찾을 수 없었다. 다음 날 '도살자'라는 별명의 나치 대장 칼 프릿츠Karl Fritsch가 콜베 신부의 막사에 있는 사람들을 모두 집합시켰다. 그리고 아사 창고로 보낼 열 사람을 고르기 시작했다.

줄지어 선 사람들 앞을 지나가면서 그가 부관에게 눈짓하면, 부관은 장부에 그 사람의 번호를 적어 넣었다. 그렇게 열 명이 뽑히자 대장은 그 열 명을 아사 창고로 데리고 가도록 명령했다. 이윽고 줄지어 선 열 명이 움직이기 시작하자, 그중 한 청년이 비통하게 울부짖었다. 참담한 순간이었지만, 모두들 아무 표정 없이 그저 침묵만 지키고 있을 뿐이었다. 잘못했다가는 자신도 매를 맞고 아사 창고로 보내질 것이 분명했기 때문이었다.

그런데 그때 정적을 깨뜨리고 대오를 천천히 이탈하여 프릿츠에게 다가가는 사람이 있었다. 바로 콜베 신부였다. 그는 모자를 벗고 공손히 프릿츠에게 말했다. "저는 사제입니다. 제가 저 사람 대신 가게 해주십시오. 저는 늙어서 아무 쓸모가 없고, 아내도 자식도 없습니다." 폴란드 말을 알아듣지 못하는 대장은 부관에게 물었다. "이 폴란드 돼지 새끼가 뭐라고 하는가?" 이윽고 부관의 통역을 들은 대장은 잠시 멈칫했다. 막사 내에 긴장이 흘렀다. "이놈이 죽고 싶어 환장을 했나 보다. 이놈까지 끌고 가!"라고 소리칠 것이 뻔해 보였다.

그런데 프릿츠는 잠시 콜베 신부를 노려보더니, 부관에게 이렇게 명령했다. "그자를 풀어주고 이 신부를 데려가!" 무엇이 대장의 마음을 움직였는지 알 수 없지만 기적 같은 일이 일어났다. 가까스로 목숨을 건진 청년은 울면서 자기 자리로 돌아와 서고, 콜베 신부는 대장에게 감사하다는 표정을 짓고서 나머지 아홉 사람을 따라 아사 창고로 갔다.

아사 창고에서는 보통 비명과 통곡 소리가 끊이지 않았다. 마지막 사람이 숨을 거두기까지, 때로는 일주일, 때로는 열흘이나 그 창고에서는 음산한 신음과 비명이 새어 나왔다. 그런데 이번에는 그렇지 않았다. 콜베 신부와 함께 있던 아홉 명의 사형수들은 그곳에서 굶어 죽어 가면서도 함께 기도하고 찬송했다. 그 기도 소리가 다른 아사 창고에 들릴 때면, 다른 창고에 있던 사람들도 그 기도에 동참했다.

브루노 보르고비에츠Bruno Borgowiec는 아우슈비츠 생존자들 중 한 사람으로, 하루에 한 번씩 그 창고에 들어가 죽은 사람의 시신을 꺼내는 일을 맡았었다. 그는 나중에 이렇게 증언했다. "제가 검사하러 갈 때마다 다른 사람들은 거의 바닥에 누워 있었어요. 하지만 콜베 신부님만은 무릎을 꿇거나 방 한가운데 서서 밝은 표정으로 나치 친위대 병사를 바라보고 있었어요. 그분은 아무것도 요구하지 않고 불평도 하지 않았죠. 오히려 다른 사람들을 격려했어요. 친위대 병사조차도 혀를 내둘렀습니다. '저 신부는 정말 위대한 사람이야. 나는 저런 사람을 본 적이 없어'라고 말했지요."

그들이 아사 창고로 들어간 지 열이틀째 되던 날, 프릿츠가 또 다른 열 명을 그 아사 창고에 보내고 말았다. 그는 창고를 비우기 위해, 의사에게 아직 죽지 않고 남아 있는 사람들에게 극약 주사를 놓도록 명령했다. 의사와 브루노가 그 창고의 문을 열었을 때, 단 네 사람이 살아남아 있었다. 세 사람은 의식을 잃고 바닥에 누워 있었고, 콜베 신부만이 아직 의식을 차리고 있었다. 그 모습을 목격했던 브루노는 후에 이렇게 회상했다. "콜베 신부님은 눈을 뜬 채로 벽에 기대어 앉아 계셨어요. 정말 평온하고 빛나는 표정이셨습니다." 의사가 주사기를 들고 다가가자 콜베 신부는 미소를 지었다. 그는 잠시 기도를 하더니, 주사를 맞기 위해 왼쪽 팔을 내밀었다.

막시밀리안 콜베 신부가 대신 죽음으로써 살아난 사람은 프란시스셰크 가요브니체크Franciszek Gajowniczek라는 사람이다. 이 사람은 1995년에 95세를 일기로 세상을 떠났다. 그때까지 그는 콜베 신부의 놀라운 사랑을 세상에 전하는 일에 생애를 바쳤다. 1971년에 이탈리아의 성 베드로 광장에서는 막시밀리안 콜베 신부를 성자로 축성하는 예식이 있었다. 그때 프란시스셰크는 자기를 위하여 목숨을 버린 친구를 기리는 행렬의 맨 앞에 서서 성찬기와 성찬 떡을 들고 걸어갔는데, 걷는 내내 울었다.

당신은 누구에게 참 친구인가

우리가 사는 시대는 많은 사람들이 휴대전화 문자로, 카카오톡으로, 페이스북과 트위터로 수많은 다른 사람과 연결되고 서로가 친구가 되려고 한다. 그런데 "숲의 아침 향기를 뿜어내며 뚜벅뚜벅 걸어와서 내 안에 한 그루 나무로 서는 그런 그리운 친구", "때로는 저녁노을 안고 조용히 흘러가는 강으로 내 안에 들어와서 나의 메마름을 적셔주는 그런 친구", "탔던 배 꺼지는 시간 구명대 서로 사양하며 '너만은 제발 살아다오' 할" 그런 친구가 있는가?

예수님께서는 우리의 이름을 부르는 친구, 우리를 찾아오시는 친구, 우리를 위해서 자신을 버린 친구가 되셨다. 진정한 친구를 그리워한다면 예수님을 깊이 생각하자. 그리고 우리가 그런 친구를 그리워한다면, 나 아닌 다른 사람들도 그런 친구를 그리워하고 있다는 것을 생각해 보자. 또한 "누가 나의 친구인가?" 묻기만 할 것이 아니라, "나는 누구에게 친구가 되고 있는가?" 물어 보자. 마치 선한 사마리아인의 비유에서 "누가 내 이웃입니까?"라고 묻는 이들에게 "너는 누구의 이웃인가?"라고 되물으시는 예수님처럼 말이다.

예수님을 우리의 참 친구로 발견했다면, 우리가 그 누군가에게 그런 친구가 되어 보려고 노력할 일이다. 이 세상에 외로운 사람들이 참 많다. 마음이 힘든 사람, 고통받는 사람들이 너무 많다. 괴로울 때 위로해 주고, 서러울 때면 눈물이 되어 주고, 어두운 밤 험한 길 걸을 때 등불이 되어 주는 그런 친구를 그리워하는 이들이 너무나 많다는 말이다.

'A friend in need is a friend indeed.' 필요할 때 그곳에 있는 친구가 진짜 친구라는 말이 있다. 주님께서는 우리가 도움이 필요할 때, 우리가 외로울 때, 우리가 괴로울 때, 우리 곁에 있는 친구가 되어 주셨다. 예수님께서는 요나단과 같은 친구셨다. 우리도 친구를 그리워하는 누군가에게 요나단과 같은 친구가 되면 좋겠다. 예수님께서 우리에게 그런 친구로 계신 것처럼 말이다.

# 마음의 계절
(사무엘상 18장 6~16절)

/

삶의 계절과 마음의 계절

가을이 되면 설악산 정상에서 들기 시작한 가을 단풍이 서서히 남하하면서 산마다 아름다운 빛깔이 물든다. 그리고 그 단풍은 보는 사람들의 마음도 따라 물들인다. 계절은 사람들의 마음에 영향을 많이 미친다. 계절에 따라 마음이 상쾌해지기도 하고 우울해지기도 한다. 그러나 계절이 마음에 항상 일관된 영향을 미치는 것은 아니다. 한여름에 마음이 더위에 지쳐 허덕일 수도 있고, 반대로 푸른 이파리를 풍성하게 펼쳐낼 수도 있다. 가을에는 마음이 우울에 빠지거나 걱정에 휘둘릴 수도 있지만, 깊은 사색 가운데 아름다운 단풍으로 마음속을 장식할 수도 있다.

우리의 삶에도 계절이 있어서, 때로는 생기 돋는 봄이거나 쓸쓸한 가을일 수도 있고, 풍요로운 여름, 혹은 냉혹한 겨울일 수도 있다. 누구나 선호하는 계절이 있기 마련이지만, 계절이 내 마음대로 될 수는 없는 일이다. 대신 우리는 삶의 계절을 맞아 마음의 계절을 준비해 감으로써, 어떤 삶의 계절에라도 때로는 즐기고 때로는 극복하며 살아가는 것이다.

사무엘서가 소개하는 사울과 다윗, 두 사람은 다 같이 이스라엘 왕의 길을 갔다. 그러나 두 사람의 삶의 계절은 너무나도 다르게 변화해 갔다. 삶의 과정과 결과가 상반된 모습을 보였다. 그것은 두 사람이 처한 바깥 환경이 달랐기 때문이 아니라, 두 사람이 품은 마음의 계절이 달랐기 때문이다. 두 사람의 이야기는 마음의 계절이 참으로 중요하다는 것을, 그리고 마음의 계절을 준비하는 데 성공해야 삶에서도 성공하게 된다는 것을 알려 준다.

좋은 시작, 불행한 끝

사울은 시작이 참 좋았던 사람이다. 그러나 끝은 매우 불행했다. 평범한 인생이 이스라엘의 초대 왕이 되었으니, 인생에서 최고의 기회를 만난 사람이다. 그러나 그는 결국 자결로 인생을 마감하고 말았다. 왜 그렇게 되었을까? 사울의 이야기 몇 개를 보면 그 이유를 알게 된다.

사울이 왕위에 오르던 당시, 일찌감치 철제 무기를 만들 줄 알았던 블레셋이 이스라엘을 자주 공격해 왔다. 그래서 이스라엘이 당면한 과제는 적들의 침략으로부터 나라를 지키는 것이었다. 열두지파는 자연히 전쟁에 능한 왕을 원했다. 열두지파 중에서 베냐민지파에는 전투에 능한 '무골武骨'이 많았는데, 그중에서도 사울은 키가 매우 컸고 여러 면에서 군사 지도자로서 적격이었다. 이런 그가 왕으로 선택되었고, 이후 몇 차례 전쟁을 통해 그는 능력을 인정받게 되었다.

그런데 몇 번의 전쟁을 수행하는 과정에서 그는 점차 주위 가나안 도시 국가의 왕들과 다름없는 모습을 보여 주기 시작했다. 그것은 하나님께서 원하시는 왕의 모습이 아니었다. 이런 모습을 보신 하나님께서는 사무엘을 통해 그에게 왕위에서 물러날 준비를 하라는 말씀을 전하셨다.

사울에게는 매우 충격적인 말씀이 아닐 수 없었다. 사울은 사무엘에게, 나아가 하나님께도 불만을 품게 되었다. 사실 그는 그때 왜 하나님께서 그렇게 말씀하시는지를 여쭈었어야 했다. 그리고 하나님 앞에서 옳지 못한 그의 마음을 고치고 깊이 회개하는 자리에 서야 했다. 그게 아니면 처음에 왕위를 하나님의 뜻으로 받았던 것처럼, 왕위에서 내려오는 것도 역시 하나님의 뜻으로 알고 순종하는 태도를 취해야 했다. 그런데 그는 하나님의 명령을 불복하고 하나님의 의지에 맞서 저항하려고 했다. 하나님에 대한 그릇된 생각이 그의 삶의 기본 방향을 잘못 정하게 한 것이다.

하나 때문에

한번은 블레셋이 침략해 왔는데, 골리앗이라는 거인 장수 때문에 이스라엘이 패배할 위기에 몰렸다. 키가 남들보다 컸던 사울보다도 훨씬 더 큰 골리앗을 이길 사람은 이스라엘 군대 중에는 아무도 없었다. 이때 다윗이 나타나 하나님의 이름으로 그를 물리침으로써 사울을 위기에서 건져낸다.

블레셋을 물리치고 개선하여 왕궁으로 돌아오는데, 왕의 입성을 맞이하는 백성들 중에서 "사울이 죽인 자는 천천이요 다윗이 죽인 자는 만만이라"라고 부르는 노랫소리가 사울의 귀에 들렸다. 그 순간 사울은 마음이 심히 불쾌했다. 그리고 마음속이 온통 질투로 가득 찼다. 그는 다윗에게 자기의 것을 빼앗기고 있다는 생각을 했다. 그 질투심은 바로 조금 전에 다윗 덕분에 그가 목숨과 왕위를 유지할 수 있었다는 사실을 생각하지 못하게 했다.

질투라는 격정이 마음속에서 휘몰아치자, 사울왕의 눈에는 다윗으로 말미암아 얻은 것들이 들어오지 않았다. 사실 그는 뛰어난 용사 다윗을 자신의 사람으로 얻었다. 하지만 질투심은 그가 이미 얻은 좋은 것을 보지 못하게 만들고 말았다. 이 질투로 마음이 얼어붙도록 내버려 두자, 그는 이윽고 다윗을 죽일 계획을 세우고 실행하는 데 골몰하게 되었다. 그는 다윗을 향해 단창을 던지는가 하면, 그가 전사하기를 기대하여 그를 사위로 삼는 조건으로 블레셋과 싸우게 하기도 했다.

그러나 자신의 뜻대로 되지 않자, 사울왕은 마침내 공개적으로 다윗을 반역자로 몰아 죽이도록 명령을 내린다. 자객을 보내어 암살을 시도하기도 했다_{사무엘상 19장 1절}. 이에 다윗이 도망하게 되었는데, 사울은 그 와중에 다윗을 만나고도 신고하지 않았다는 이유로 하나님을 섬기는 제사장 무리를 일거에 학살하기에 이른다.

이렇게 사울은 다윗을 죽이려고 왕의 온 힘을 다 사용하여 포위망을 좁혀 갔는데, 역설적으로 사울은 이때 다윗을 죽이는 것이 아니라 도리어 자기 스스로를 죽이고 있었다. 그는 마침내 딸도, 아들도, 신하도 등을 돌린 상황에서 극도의 소외감을 느끼며, 그들 모두가 자기를 반역했다는 극도의 피해망상에 빠져들었다. 그는 이렇게 말한다. "너희가 다 공모하여 나를 대적하며 …… 내 아들이 내 신하를 선동하여 …… 나를 치려 하는 것을 내게 알리는 자가 하나도 없도다"_{사무엘상 22장 8절} 결국 그는 질투와 증오의 종으로 살다가 마침내 패배한 전쟁터에서 자결하는 최후를 맞는다.

내면의 풍경

왜 사울이 이렇게 된 것인가? 누가 사울을 이렇게 만든 것인가? 외적인 상황인가? 다른 사람들인가? 다윗인가? 신하들인가? 물론 그런 영향이 전혀 없는 것은 아니었을 것이다. 그러나 사울을 이렇게 만든 자는 사실 사울 자신이었다. 그가 만든 내면의 풍경이 그의 현실이 되고 만 것이다.

사무엘로부터 왕위를 내려놓으라는 통보를 받았을 때, 순간적으로 하나님을 원망하거나 반항심을 품을 수는 있었을 것이다. 하지만 그는 그런 상황을 두고 깊이 고민했어야 했다. 왕의 직분은 사울 자신을 위해 존재하는 것이 아니라 이스라엘 백성을 위해 존재하는 것이다. 하나님께서 사울을 왕을 세우신 것은 사울의 영예를 위해서가 아니라 백성들을 위해서 하신 일이었다. 그렇다면 그는 왕으로서 자신이 과연 백성들에게 정말 도움이 되고 있는지 아닌지를 깊이 성찰해야 했다. 그가 하나님을 믿었다면, 왕위를 내려놓으라고 하신 하나님의 말씀이 도리어 백성들과 사울 자신을 위한 것이었음을 알게 되었을 것이다.

이미 아들 요나단은 왕위에 대한 욕심이 없었고 왕의 직분을 감당할 능력이 있는 자는 자기 사위가 되었으니, 사실 그는 아무 걸림돌도 없이 적절한 시기에 왕위를 물려줄 수 있었다. 그랬다면 그는 비록 왕으로서는 크게 성공하지 못했더라도, 왕위를 평화롭게 물려준 왕으로서 말년에 존경을 받고 살았을 것이다. 아니 적어도 인생에서 실패한 자가 되지는 않았을 것이다. 일찍 은

퇴한다고 인생의 실패자가 되는 것은 아니지 않은가? 그 후에 다른 형태로도 멋진 삶을 충분히 살 수 있었다.

그런데 사울은 질투심에 끌려다니며 원시적인 복수심의 노예가 되어 다윗을 죽이려고 했다. 그러다 결국 다윗이 아닌 자신을 죽이고 있었던 것이다. 누군가를 원수로 삼는 미움이나 증오의 마음은 이처럼 남을 죽이기 전에 먼저 자신을 죽이고 만다. 우리는 이것을 알아야 한다.

나뭇잎은 가을이 되면 단풍이 들고 낙엽이 되어 떨어지기 시작한다. 단풍과 낙엽은 참 아름답지만, 사실 알고 보면 나무가 자기의 일부를 떼어 내는 아픔이고 고통이다. 그런데 이렇게 자기 분신인 잎사귀를 떨구고 내려놓을 때, 비로소 나무는 살아서 겨울을 날 수 있게 된다. 무성한 잎사귀를 모두 다 떨구어 내는 가을 나무는 한 그루 인생 나무로 사는 우리들에게 어떻게 해야 살 수 있는지를 가르쳐 준다. 나무가 여름철의 무성한 잎사귀를 다 떨어내야 비로소 사는 것처럼, 사울도 왕관을 내려놓아야 할 때 내려놓았다면, 평화롭게 이양했다면, 그는 살았을 것이다.

가을 낙엽은 빛깔이 참 아름답다. 새싹의 연푸른 색깔보다, 여름의 짙은 녹색보다 더 아름답다. 무엇을 성취하는 삶이 주는 빛깔도 좋지만, 그것을 조용히 내려놓는 단풍잎의 색깔은 종종 더 아름답다. 일출보다 일몰이 더 아름답고 장엄하다고들 한다.

일출은 태양 주변만 물들이지만, 일몰은 태양만이 아니라 온 하늘을 찬란한 빛깔로 물들인다. 삶은 시작보다 끝이 더 아름다워야 한다는 메시지일까?

만약 사울이 하나님의 뜻을 따라 왕위를 평화롭게 이양하고 다윗을 후원하는 인물로 조용히 살았다면, 백성들은 그를 왕위에 오를 때보다 더 존경했을 것이다. 그의 뒷모습에서 단풍 빛깔 같은 아름다움을, 일몰의 장엄한 빛깔을 보았을 것이다. 하지만 가을이 왔는데도 여전히 여름철 잎사귀를 내려놓지 않으려고 하다가, 그만 그의 인생 나무가 통째로 얼어붙고 말았던 것이다.

자기가 자기를 무너뜨리다

다른 누군가가 사울을 무너뜨린 것이 아니다. 신하들이나 다윗이나 사무엘이 그렇게 하지 않았다. 하나님의 뜻을 오해한 자신, 하나님의 의지와 맞서려고 했던 자신, 은인인 다윗을 적으로 여기며 질투했던 자기 자신이 그렇게 만든 것이다. 많은 병들이 몸 밖에서 들어온 바이러스나 세균 때문에 생기지만, 속에서 병이 되어 버린 암이 더 무섭다.

자기가 자기 안에서 만든 병이 더 큰 것이다. 밖에서 오는 문제도 크지만, 내 안에서 내가 만드는 문제는 더 크다는 것을 알아야 한다. 종종 문제는 밖에 있지 않고 내 안에 있다. 질투와 미움과 원망과 같은, 자기가 만든 마음의 풍경이 그대로 현실의 풍경이 될 수 있다는 것을 잊지 말아야 한다.

생각을 생각하다

다윗은 사울과는 상당히 대조적인 이야기를 써 갔다. 사울은 훌륭한 조력자이자 친구가 될 수 있었던 다윗을 질투하기 시작하면서 스스로 허물어졌다. 그러나 다윗은 사울이 고통을 가하자 오히려 내면을 더욱 단단하게 했고, 그것으로 삶의 기반을 세웠다.

다윗은 사울의 적인 골리앗을 물리치고는 도리어 사울의 질투의 대상이 되고 말았다. 사울의 사위가 되었으나 곧 공개적으로 수배되는 처지가 되었고, 자객에게 목숨을 위협당했다. 살기 위해 기약 없는 망명길에 오르면서 그의 삶은 계속 꼬여만 갔다. 가드 왕 아기스에게 피신했지만 가드 사람 골리앗을 죽이고 블레셋과의 전쟁을 승리로 이끌었던 과거가 들통나자, 미친 사람 행세를 해서 죽음의 위기를 아슬아슬하게 모면하기도 한다. 결국 그는 유대의 황량한 광야로 도망하게 된다.

다윗의 행로는 매우 처량하고 곤고한, 빈 들에 부는 가을 바람을 따라 뒹구는 낙엽처럼 되고 말았다. 이런 세월을 지내는 다윗의 마음이 평안했을 리 없다. 분명 사울에 대한 증오심이 생겨났을 것이고, 점점 힘들어지는 인생을 두고 하나님에 대한 원망도 있었을 것이다. 미래에 대한 낙담과 의기소침은 물론, 수시로 찾아드는 무기력이 결국 그를 쓰러뜨릴 법도 했다.

하지만 다윗이 마지막까지 그렇게 낙담하고 좌절하며 고독에 몸부림치는 마음이었는가? 그렇지는 않았다. 사울에 대한 증오심과 외적인 상황이 주는 좌절감 때문에 내적으로 붕괴될 수도 있었지만, 그는 자제력을 잃지 않았다. 마음속의 분노를 다스렸고, 절망과 우울을 제어했다. 잘못된 생각과 부정적 감정을 동반한 내면의 가을이 찾아왔지만, 그는 곧 마음의 풍성한 결실이 무르익어 가는 내면의 풍경을 만들어 가게 되었다. 어떻게 그는 사울과 달리 그렇게 할 수 있었을까? 무엇이 그를 사울과 다르게 만든 것일까? 사울보다 훨씬 더 힘든 환경에서도 무너지지 않고 오히려 환경을 이겨낼 수 있었던 그 비결은 무엇이었을까?

다윗이 겪었던 사건들의 기록을 사무엘서에서 살펴볼 수도 있지만, 그런 상황 속에서 그가 썼던 시편을 보면 다윗의 마음을 읽어 낼 수 있다. 시편은 다윗이 사울과 달리 지속적으로 묵상을 했다는 것을 보여 준다. 즉 외부의 상황 속에서 자신이 생각하고 느낀 것을 하나님 앞에서 성찰하는 태도가 있었다는 말이다. 그는 말씀의 빛 아래서 자기 생각을 다시 점검할 줄 알았던 것이다. 그가 지은 시를 보자.

자기 허물을 능히 깨달을 자 누구리요 나를 숨은 허물
에서 벗어나게 하소서

또 주의 종에게 고의로 죄를 짓지 말게 하사 그 죄가 나
를 주장하지 못하게 하소서 그리하면 내가 정직하여 큰
죄과에서 벗어나겠나이다

나의 반석이시요 나의 구속자이신 여호와여 내 입의 말
과 마음의 묵상이 주님 앞에 열납되기를 원하나이다
시편 19편 12~14절

그는 자기의 숨은 허물에서 벗어나게 해 달라고 기도했다. 자기 마음속에 숨겨진 허물을 말씀의 밝은 전등 아래에서 살펴보려고 한 것이다.

이렇게 말씀 아래서 성찰하면 생각 속에 담긴 그릇된 태도, 부정적인 태도, 불신앙의 요소가 보인다. 그랬을 때 그는 어떻게 했는가? 이렇게 기도했다. "그 죄가 나를 주장하지 못하게 하소서"시편 19편 13절 무슨 말인가? 잘못된 생각, 불신앙의 생각, 악한 생각이 내 마음에서 주인 노릇을 하지 못하도록 해 달라는 것이다. 이러한 기도로 다윗은 마음을 찾아드는 광포한 원망과 증오

심, 그리고 자포자기의 심정으로 곤두박질치려는 연약한 영혼을 진정시키려고 애썼던 것이다.

말씀을 마음에

그리고 이렇게 말한다. "내 입의 말과 마음의 묵상이 주님 앞에 열납되기를 원하나이다"시편 19편 14절 그는 말씀에 합당한 생각, 주님 앞에 열납될 수 있는 생각이 자기 마음에 새겨질 수 있게 해달라고 기도한다. 그리고 마음이라는 도화지에 영적인 상상력을 발휘하여 그림을 새로 그려 넣는다. 우리는 시편 23편을 잘 알고 있다. "여호와는 나의 목자시니 내게 부족함이 없으리로다 그가 나를 푸른 풀밭에 누이시며 쉴 만한 물 가로 인도하시는도다"시편 23편 1, 2절

이 시편은 다윗이 자기 앞에 펼쳐진 아름답고 평화로운 광경을 시적으로 묘사한 것이 아니다. 그는 자기 마음에 영적 상상력이라는 붓으로 그림을 그린 것이다. 외면적인 삶의 계절은 냉혹한 겨울이지만, 내면의 풍경에서는 봄을 그리며 눈 밑에서 올라오는 파란 보리 싹을 그려 넣은 것이다. 밖에서는 이글거리는 태양 아래 찌는 무더위가 있지만, 마음속 밭에서는 작물들이 풍성하게 커 가고 있는 것이다. 이렇게 그는 영적 상상력으로 마음의 풍경을 만들어 갔다.

이처럼 다윗은 묵상과 기도를 통해 마음에서 버려야 할 것은 버리고 붙들어야 할 것은 붙들며, 마음의 계절을 아름답게 그려 넣을 줄 알았다. 그렇게 함으로써 다윗은 사울처럼 잘못된 생각의 끈에 묶이지도 않고, 짓누르는 부정적 질투나 증오라는 사슬에 매이지도 않게 되었다. 오히려 그의 삶에서 굽이치는 파도를 보면서, 그것이 하나님께서 그를 이스라엘의 목자로 빚으시고 세우시려고 섭리하시는 것임을 발견한다.

작은 차이가 큰 차이를

호랑이와 고양이는 유전자가 거의 동일하여 그 차이가 겨우 1.2퍼센트에 불과하다고 한다. 이처럼 아주 작은 차이가 완전히 다른 양상을 만들어 낸다. 다윗도 사울과 완전히 다른 존재는 아니었을 것이다. 우리는 사울과 다윗을 다르게 만든 그 1퍼센트가 무엇인지에 주목해야 한다. 일생 동안 이스라엘 사방의 여러 이방 족속들과 치열한 전쟁을 벌였던 다윗은, 또한 내면에 똬리를 틀고 자신을 삼키려는 죄악의 권세들과도 처절한 전투를 벌였다. 여러 시편들은 그러한 내적 투쟁의 기록이며, 죄악에 맞서 말씀을 자기 마음에 새겨 넣고자 했던 분투의 흔적이다.

하지만 사울에게는 그런 내적 갈등이나 영적 분투가 거의 없었다. 죄악과의 싸움, 잘못된 생각과의 싸움 같은 것이 없었다.

감정과 느낌, 그리고 외부 환경이 이끄는 대로 살았고, 질투라는 부정적인 감정의 포로가 되어 살았다. 마음에 찾아드는 잘못된 생각을 성찰하여 내버리고 말씀이 주는 바른 생각을 붙잡는 그런 삶을 살지 못했다는 말이다.

질투에 끌려다닌 사울은 수단 방법을 가리지 않고 속임수와 계략으로 다윗을 처치하려고 했지만, 말씀에 붙들린 다윗은 사울을 처치할 기회가 왔을 때에도 상황을 핑계하지 않았다. 그저 하나님의 방법을 따라가면서 억울한 일은 하나님의 하늘 법정에 맡겼다. 사울은 왕위에 대한 하나님의 결정을 자기 의지로 거부하고 막으려고 했지만, 다윗은 왕위에 대한 하나님의 결정을 자기 의지로 이루려고 하지 않았다. 그래서 사울을 죽일 수 있는 기회에도 일절 손대지 않고 하나님의 때를 인내하며 기다렸다.

사울은 진리 아닌 다른 것, 하나님이 아닌 다른 것이 마음을 지배하도록 허용했고, 다윗은 하나님께서 주신 진리의 생각이 자신을 다스리게 했다. 결국 사울은 내면을 다스리지 못하여 왕으로 사는 삶이라는 좋은 외적 상황도 다스리지 못했고, 다윗은 내면을 다스림으로써 극심한 고난이라는 힘든 외적 상황도 다스릴 수 있었던 것이다.

비우고 채우는 묵상

우리 자신을 생각해 본다. 우리는 사울과 같은가, 다윗과 같은가? 우리 외면의 계절과 내면의 계절은 어떠한가? 예수님께서는 "시험에 들지 않게 깨어 기도하라"라고 말씀하셨다 마태복음 26장 41절. 시험은 대부분 잘못된 생각에서 비롯된다. 깨어 있으라는 것은 마음에 떠오르는 생각들을 성찰하라는 것이다. 생각 자체를 생각하라는 것이다. 잘못된 생각은 아닌지, 욕심이 가득 찬 생각은 아닌지 살피라는 것이다. 그리고 만약 우리 생각들이 그러하다면, 그 생각들을 가을 낙엽처럼 떼어 내라는 것이다.

우리의 말과 생각을 말씀에 비추어 돌아보는 묵상이 필요하다. 안경을 착용하고 있으면 주로 렌즈를 통해 보이는 사물에만 주목한다. 하지만 때로는 사물을 잘 보이게 해 주는 렌즈 자체에 이상이 없는지 생각해 보아야 할 때도 있다. 렌즈에 먼지가 끼어 있지는 않은지, 도수는 시력과 맞는지 등등을 살펴야 하는 것이다. 이렇듯이 우리는 우리의 생각을 비춰 주는 생각의 렌즈를 살펴야 한다. 우리에게는 버리는 묵상, 걸어 내는 묵상이 있어야 한다. 겨울이 다가오듯 삶이 힘들고 광야와 같을수록 낙엽을 떨구어야 하듯, 죄와 그릇된 생각을 버리는 묵상이 있어야 한다. 그래야 삶의 계절도 아름다운 풍경으로 변하게 된다.

또한, 우리에게는 채우는 묵상도 필요하다. 말씀을 새겨 넣어야 한다. 좋은 생각도 하나님의 말씀도 계속해서 새겨 넣어야 지, 그렇지 않으면 금방 잊어버린다. 손양원 목사의 딸인 손동희 권사는 간증하기를, 손양원 목사가 자신의 두 아들을 죽였던 청년을 자기 아들로 삼으면서 이렇게 말했다고 했다. "1, 2계명의 우상 숭배를 금하는 말씀을 지키기 위해서 감옥까지 갔는데, 원수 사랑도 똑같은 하나님의 명령이라면, 두 아들을 죽인 그를 사랑하는 일에도 하나님께 순종하지 않을 수 없다." 말씀을 마음에 가득 채운 손양원 목사는 미움과 증오라는 현실을 정복하였던 것이다.

누구에게나 부정적인 생각과 절망이 찾아오는 삶의 계절이 있다. 그러므로 우리는 늘 묵상하면서 버릴 것을 버리고, 기도하면서 하나님의 말씀을 적극적으로 채우고 의지하는 일을 계속해야 한다. 말씀의 태양이 매일 마음을 밝게 비추게 하자. 말씀의 노을이 내 마음의 하늘을 온통 아름답게 물들이는 저녁이 되게 해 보자. 그런 하루하루가 계속되면 우리의 마음의 계절은 늘 아름다운 풍경을 그리게 될 것이다. 그러면 우리는 실패한 사울이 아니라, 삶의 계절을 다스리며 정복한 다윗처럼 될 수 있을 것이다. 생각을 성찰하고 말씀을 마음에 새겨 넣는 신앙생활이, 우리 마음의 풍경을 늘 아름답게 유지되게 할 것이다.

내려갈 때 보이는 것이 있다
(사무엘상 22장 1~5절, 시편 57편 1~11절)

비로소 보인 그 꽃

고은 시인의 「그 꽃」이라는 시가 있다.

내려갈 때

보았네

올라갈 때

보지 못한

그 꽃

올라갈 때는 주로 정상만 눈에 들어온다. 닿아야 할 목표만 보이고, 나를 앞서 올라가는 사람만 보인다. 그렇게 정상에 도달하니, 다 오르기까지 한참 동안 본 것이라고는 오로지 그 목표 하나뿐인 경우가 많다. 그러나 내려올 때면, 그때 비로소 보지 못했던 것이 보인다. 비로소 길가에 핀 꽃이 보이는 것이다.

젊어서는 보이지 않던 것이 나이가 들면서 보이고, 성공했을 때는 보이지 않던 것이 실패한 후에 보이고, 건강할 때 보이지 않던 것이 병들면 보인다. 이처럼 올라갈 때는 보이지 않다가 내려갈 때 보이는 것이 있다. 그런데 내려갈 때 보이는 그것이, 올라갈 때 보고 있던 그것보다 아름다운 경우가 많다. 힘들고 어려울 때 보이는 그것이 삶에서 참 소중하다. 때로 인생에 내려가는 길이 주어지는 이유가 어쩌면 그것 때문인지도 모른다.

내려가는 다윗

다윗은 내려갈 때 보이는 그것을 잘 본 사람이다. 다윗에게도 올라갈 때가 있었다. 그때 그는 정말 멋지게 올라갔다. 왕으로 기름 부음을 받았고, 블레셋의 거장 골리앗을 이겼으며, 백성들의 인정을 받았고, 사울왕의 최고 무관이 되었으며, 나아가 왕의 사위가 되었다. 말 그대로 일약 '뜨는 별'이 되었다. 다윗보다 더 빨리 그리고 신나게 올라간 사람도 드물 것이다.

그런데 그가 갑자기 사울에게 쫓기는 신세가 되면서 내려가기 시작한다. 내리막은 거침이 없었다. 올라가는 것은 잠시였지만 내려가는 것은 한참이었다. 그는 사울을 피해 라마 지방의 사무엘에게로 피신했다 사무엘상 19장. 사무엘은 사울을 왕으로 세운 선지자이다. 그는 은퇴한 후 고향인 라마 지방의 성읍인 나욧에 거처를 정하고, 왕권을 견제하기 위해 학교를 세워 선지자들을 가르치고 있었다. 다윗이 그곳으로 피해 온 것이다. "다윗이 도피하여 라마로 가서 사무엘에게로 나아가서 사울이 자기에게 행한 일을 다 전하였고 다윗과 사무엘이 나욧으로 가서 살았더라" 사무엘상 19장 18절

다윗이 사무엘에게로 피신했다는 첩보를 얻은 사울은 그를 잡으려고 사무엘의 선지자 학교로 군사들을 보냈다. 그런데 군사들이 학교가 있는 라마 나욧에 도착했을 때, 갑자기 하나님의 영이 내려 그들이 사무엘과 선지자들처럼 예언을 하는 일이 일어난다. 이런 일이 세 번이나 있어서 다윗을 잡아 오지 못하자, 사울은 직접 다윗을 잡으러 나서게 된다. 그런데 사울에게도 역시 동일한 일이 일어난다. 하나님께서 다윗을 지켜 주신 것이다.

하지만 위치가 발각된 이상 다윗은 결국 그곳을 떠날 수밖에 없었다. 그런데 다윗에게는 이제는 더 이상 갈 곳이 없었다. 절박해진 다윗은 친구인 요나단에게 가서, 그의 아버지인 사울왕이 왜 자기를 죽이려 드는지, 자기가 무엇을 잘못했는지를 알려 달라고 부탁한다. "다윗이 라마 나욧에서 도망하여 요나단에게 이르되 내가 무엇을 하였으며 내 죄악이 무엇이며 네 아버지 앞에서 내 죄가 무엇이기에 그가 내 생명을 찾느냐" 사무엘상 20장 1절

다윗의 절박한 부탁을 받은 요나단은 아버지에게 가서 다윗

의 억울함을 호소하며 그를 변호한다. 그러나 살의에 찬 사울의 적개심은 줄어들지 않는다. 이 사실을 확인한 다윗은 왕궁을 완전히 떠나 성막이 있던 놉이라는 곳으로 피신하여 제사장 아히멜렉에게 도움을 청한다. 하지만 이미 그곳에는 사울의 첩자가 있었고, 다윗은 다시 도망쳐야 했다. 이번에 그가 선택한 도피처는 블레셋 민족의 나라인 가드였다.

블레셋 민족은 이스라엘 민족의 적이었다. 가드의 왕은 아기스였는데, 과거에 다윗이 죽인 골리앗이 그 나라의 장수였다. 다윗은 살기 위해 적국에 투항하고 망명을 시도할 수밖에 없었던 것이다. 철기 시대 초입으로 전쟁이 많았던 당시에, 병사들을 거느린 무사들은 자신들을 용병으로 삼아 줄 군주들을 찾아다니곤 했다. 다윗도 아기스에게 자신의 군사력을 제공하고 대가로 땅과 안전을 보장받으려고 했다. 하지만 아기스의 신하들은 적군이었던 다윗의 정체를 알아보았고, 정체가 탄로 난 다윗은 미친 사람 행세를 하면서 간신히 죽음을 면하고 탈출한다.

스승 사무엘도, 친구 요나단도, 제사장 아히멜렉도, 블레셋 왕 아기스도, 그 누구도 그에게 피난처를 제공해 주지 못했다. 그는 결국 황량한 유대 광야로 들어가서 그곳에서 무려 십 년의 세월을 보낸다. 참 힘들고 어려운 시절이었다. 인생에서 없었으면 좋았다고 여겨질 세월이다. 하지만 바로 그곳에서 다윗은 광야가 아니면 볼 수 없는 것을 본다. 광야가 아니면 만날 수 없는 분을 만났다. 그리고 바로 그것 때문에 비로소 다윗은 우리가 아는 바로 그 다윗이 되었다.

우리도 다윗처럼 내려갈 때가 있다. 광야에 처할 때가 있다. 그럴 때 우리는 그곳을 어떻게 통과할 수 있을까? 건강 문제로, 사업의 어려움으로, 가정의 갈등으로 광야에 거하고 있는 경우가 있다. 우리는 그곳에서 무엇을 어떻게 해야 하는가? 때로 광야만이 보여 줄 수 있는 것이 있다. 내려갈 때만 볼 수 있는 것이 있다. 바로 그것을 보게 되면, 다윗이 그랬던 것처럼 광야 생활은 역설적으로 축복이 될 수 있다.

그렇다면 다윗이 내려가면서 비로소 본 그 꽃은 무엇이었을까? 우리들도 내려갈 때 보아야 하는 그 꽃은 무엇일까?

내려갈 때 보이는 것

다윗이 광야로 도망쳐서 놉 땅의 아히멜렉 제사장을 찾아갔을 때이다. 그때 제사장이 그에게 이런 질문을 던진다. "어찌하여 네가 홀로 있고 함께 하는 자가 아무도 없느냐"사무엘상 21장 1절 이 질문을 받은 그는 매우 당황스러워서, 자신은 왕의 특별 명령을 수행하고 있고 부하들을 약속한 곳에서 만나기로 되어 있다고 임기응변으로 거짓말을 꾸며 대었다. 그리고 제사장만 먹을 수 있는 성전의 진설병을 보고서, 허기진 배를 채우기 위해서 그 떡을 달라고 하여 가져간다.

그러나 마침 사울의 첩자 도엑이 그곳에 있어서 위치가 탄로 나게 되고, 그 사실을 깨닫자마자 그는 또 숨을 곳을 찾아 도망친다. 그가 살기 위해 선택한 곳은 블레셋 땅이었다. 그는 골리앗을 이겼고 블레셋 사람들을 연전연패하게 만들며 떨게 했던 사람이었다. 이런 그가 사울에게 쫓겨 목숨을 부지하기 위해서 블레셋으로 도피하려 한 것이다. 하지만 그곳에서도 자신의 과거의 경력과 신분이 들통나자, 그는 살아남기 위해서 벽에 기대어 침을 흘리는 굴욕적인 광인 연기까지 해야만 했다.

이런 다윗의 모습은 물맷돌 몇 개만 들고 당당하게 골리앗을 향해 달려 나가던 이전의 용맹한 모습과 얼마나 다른가? 일신의 안위를 위해 거짓으로 적당히 꾸며대는 다윗의 모습은 이전의 정직했던 청년과 얼마나 다른가? 그러나 그는 광야로 내려가면서 정말 중요한 한 사람을 새롭게 만나게 되었다. 그 사람은 다른 사람이 아닌 다윗 자신, 매우 실망스럽고 초라하며 매우 비겁한 모습의 사람, 다른 사람이 아닌 자기 안에 있는 또 하나의 자신이었다. 다윗은 내려갈 때 비로소 자기 안에 숨어 있는 나약한 모습을 발견하게 된 것이다.

모세 역시 이러한 경험을 했다. 그는 한때 천하를 호령하던 애굽의 왕자였다. 그는 당당했고 스스로를 대단한 인물로 여겼다. 그랬던 그가 살인을 저지르고 광야로 도망친다. 그곳에서 모세는 무서울 것이 없던 애굽의 왕자와는 너무나 대조적인, 두려움 때문에 광야로 도망치는 매우 나약한 자신을 만나게 된다. 그리고 광야에서 양을 치는 목동이 된다. 목축은 애굽 사람들이 가장 천한 일로 여겼던 직업인데 창세기 46장 34절, 과거 애굽의 왕자였던 그가 목축을 하게 된 것이다. 애굽 왕자에서 목동이 되는 급전직하의 경험을 한 모세지만, 그것은 실패가 아니었다. 그곳에서 진정한 자기 자신을 만난 그는 우리가 아는 그 위대한 모세로 빚어져 갔다.

'모래야, 난 얼마나 작으냐'

김수영 시인의 「어느 날 고궁을 나오면서」라는 시가 있다.

왜 나는 조그만 일에만 분개하는가
저 왕궁 대신에 왕궁의 음탕 대신에
오십 원짜리 갈비가 기름덩어리만 나왔다고 분개하고
옹졸하게 분개하고 설렁탕집 돼지 같은 주인년한테 욕을 하고
옹졸하게 욕을 하고

한 번 정정당당하게
붙잡혀 간 소설가를 위해서
언론의 자유를 요구하고
월남 파병에 반대하는
자유를 이행하지 못하고
이십 원을 받으러 세 번씩 네 번씩
찾아오는 야경꾼들만 증오하고 있는가

(중략)

그러니까 이렇게 옹졸하게 반항한다.
이발쟁이에게
땅 주인에게는 못하고 이발장이에게
구청 직원에게는 못하고 동회 직원에게도 못하고
야경꾼에게 이십 원 때문에
십 원 때문에 일 원 때문에
우습지 않느냐 일 원 때문에
모래야 나는 얼마큼 작으냐
바람아 먼지야 풀아 난 얼마큼 작으냐
정말 얼마큼 작으냐

시인이 어느 날 고궁을 방문하고 나온 후 부근의 식당에서 갈비탕을 시켜서 먹었는데, 오십 원짜리 갈비탕에 기름덩어리만 잔뜩 들어 있었다. 그래서 식당 주인과 한번 실랑이를 했다. 그러면서 갑자기 그런 행동 속에서 자신의 매우 옹졸한 모습을 보게 되었다. 고궁을 거닐며 고대 왕궁과 권력과 부정과 부패를 말했던 그가, 그리고 그가 살고 있는 시대의 도순과 부정과 부패를 비판하며 참여시인이라는 이름을 얻은 그가, 식당에서는 너무나 보잘것없는 일로 싸우는 자신을 보았다. 그리고 언론의 자유를 요구하고 월남 파병에 반대하다 붙잡혀 간 소설가의 일에는 두려움 때문에 아무 말도 못하면서, 만만한 '이발장이'나 '야경꾼'들에 대해서는 단돈 일 원 때문에 흥분하는 자신을 본 것이다. 그런 분개하는 자신, 그런 초라한 자신을 만나면서 그가 이렇게 시를 쓴다. "모래야 나는 얼마큼 작으냐. 바람아, 먼지야, 풀아, 난 얼마큼 작으냐. 정말 얼마큼 작으냐."

다윗도 이런 비슷한 감정을 느끼면서 시를 썼는데, 그 시가 시편 142편이다. "…… 오른쪽을 살펴 보소서 나를 아는 이도 없고 나의 피난처도 없고 내 영혼을 돌보는 이도 없나이다 …… 나는 심히 비천하니이다 …… 그들은 나보다 강하니이다 내 영혼을 옥에서 이끌어 내사 주의 이름을 감사하게 하소서 ……" _{시편 142편 3~7절} 자신이 더 이상 영웅으로 보이지 않는다. 더 이상 이스라엘의 미래를 책임질 왕이 아니다. 그저 박해받는 무기력한 한 개인이요, 두려움과 자기연민이라는 감정의 옥에 갇혀 있는 비천하고 가련하고 연약한 존재일 뿐이다. 그래서 "내 영혼을 옥에서 이끌어 내 주십시오"라고 기도한다.

그러나 다윗에게는 골리앗과 싸워 이기는 순간만이 아니라, 바로 이런 순간이 꼭 필요했다. 낮은 곳에서야 비로소 보이는 자기의 모습을 볼 필요가 있었다. 만약 그렇지 않았다면 그는 골리앗을 물리쳤던 그 모습이 곧 자신의 전부라고 여기며 늘 부푼 풍선처럼 뻐기며 다녔을 것이다. 그런 그에게는 자신의 나약하고 초라한 또 다른 모습을 보는 일이 필요했던 것이다.

우리도 우리에게서 다윗과 모세가 만났던 그런 자신의 나약한 모습, 김수영 시인이 만났던 그런 자신의 초라한 모습을 발견할 때가 있지 않은가? 겉으로는 점잖고 교양이 있어 보이는데, 별일 아닌 것에 분노하고, 사소한 일에 두려워하고, 이익이 걸린 일에는 목숨 걸 듯 달려드는 그런 참 초라하고 부끄러운 자신을 만날 때가 있지 않은가? 때로는 그런 모습이 우리에게 참 낯설다. 내가 아닌 것 같다. 하지만 그것이 진짜 나의 모습이다. 나는 나의 그런 모습을 보아야 한다. 우리 안에서 그런 우리 자신의 모습을 보아야 비로소 겸손해진다.

내려갈 때 사람을 만나다

다윗은 초라한 자신의 모습을 발견한 뒤에 광야로 도피해서 아둘람이라는 한 동굴에 숨어 있었다. 그런데 이때 그에게 사람들이 찾아오기 시작했다. 그들은 사울의 폭정으로 쫓겨난 정치적 망명자들이었다. 그리고 사사시대 말기에 나타난 지방 세력가들의 권력 남용으로 말미암은 폭압과 심각한 빈부격차 등으로 자신의 기업인 자신의 땅에서 뿌리 뽑힌 난민들도 있었다. "그러므로 다윗이 그 곳을 떠나 아둘람 굴로 도망하매 그의 형제와 아버지의 온 집이 듣고 그리로 내려가서 그에게 이르렀고 환난 당한 모든 자와 빚진 모든 자와 마음이 원통한 자가 다 그에게로 모였고"사무엘상 22장 1, 2절

다윗은 낮아진 그곳에서 비로소 가슴 아픈 사람들, 고통을 겪는 사람들, 그 시대의 패배자들을 만나게 된 것이다. 이스라엘의 왕이 되기 전에, 쫓겨나고 배척당하고 억울한 자들의 지도자가 먼저 된 것이다. 그는 비로소 사람을 만나게 되었고 사람들의 아픈 가슴을 보게 되었다.

만약 다윗이 광야의 경험이 없이 바로 왕위에 올랐다면 그의 주변에 권력을 탐하여 몰려드는 무수한 정치꾼들을 만났겠지만, 정작 그가 다스려야 할 백성들을 있는 모습 그대로 보지는 못했을 것이다. 하지만 광야에 있었기에 그는 비로소 고통을 겪는 사

람들, 빚에 시달리는 사람들, 내일 먹을 것을 걱정하는 사람들, 원통하고 억울한 사람들을 만날 수 있었다. 자신이 누구를 어떻게 다스리고 돌보아야 하는지를 보게 된 것이다.

청문회 중계를 시청하다 보면 고위직에 있는 사람들 중에는 평생 전철이나 버스를 타 보지 않은 사람도 있다. 시장에 판을 펼치고 장사하는 아주머니의 주름진 얼굴 한번 제대로 보지 못하고, 그들의 억센 손을 한 번도 잡아 보지 못한 사람들이 있다. 그들은 사람을 안다고 말하지만 진짜 사람 사는 모습을 모르는 것이다. 사람은 내려가 보아야 비로소 사람들을 만나게 된다. 아파 보아야 아픈 사람을 비로소 만나고, 고통을 겪어 보아야 비로소 고통을 겪는 사람들의 마음을 만나게 된다. 우리가 스스로를 대단한 존재로 생각하는 자리에 있을 때, 그래서 하나님께서 우리를 그곳에서 내려가게 하시는지도 모른다.

소명을 다시 발견하다

그렇게 낮은 자리에서 비로소 사람과 그들의 상처 입은 마음을 보게 된 다윗은, 그들의 마음과 삶을 그렇게 상하고 부서지게 만든 현실 상황을 새롭게 보게 된다. 아픈 마음을 다독거리는 것도 필요했지만, 더 나아가 마음의 아픔을 만드는 어둠을 물리치는 일을 해야겠다는 생각을 하게 된다. 비로소 왕의 수업을 하게 된 것이다.

이제 다윗은 자신이 더 이상 개인적 곤경과 자기 연민에만 매몰되어 있을 수 없다는 것을 알게 된다. 자신의 원통함과 억울함이나 곱씹으면서 자기 연민이라는 내면의 아둘람 동굴에 갇혀 살아서는 안 되겠다고 결심한다. 자신이 동굴에서 나와서 고통과 연민의 동굴에 빠진 이들을 이끌어 내야 하겠다는 소명을 발견하게 된 것이다. 그때의 마음을 담은 유명한 시가 있다. 시편 57편이다. "하나님이여 내 마음이 확정되었그 내 마음이 확정되었사오니 내가 노래하고 내가 찬송하리이다 내 영광아 깰지어다 비파야 수금아 깰지어다 내가 새벽을 깨우리로다"시편 57편 7, 8절

그동안 그는 자기에게 닥친 재앙이 지나갈 때까지 하나님께 피하는 데 급급했었다. 또 자신을 추격하는 사울의 창과 화살과 날카로운 칼을 막아 줄 도움을 구하기에 바빴다. 하지만 이제는 그저 자신의 곤경에서 벗어나는 것으로 그치지 않고, 지금 자기에게 찾아온 사람들을 덮고 있는 어둠, 그리고 역사를 덮고 있는 어둠, 이것을 몰아내는 새벽을 가져오는 사람이 되기로 결심한다. 어둠을 몰아내고 동터 오는 새벽을 향해 나아기로 결심한다.

그는 이스라엘 왕으로 기름 부음을 받았을 때는 왕으로서 무엇을 해야 하는지 잘 알지 못했다. 상승장군으로서 사람들의 인기를 한 몸에 받을 때도 마찬가지였다. 그러나 내려오는 길에서,

낮은 광야에서, 비로소 자기가 무엇을 해야 하는지를 제대로 발견하게 되었다. 그곳에서 진정한 이스라엘 왕으로서의 사명감을 발견한 것이다. 그리고 새벽을 깨우겠다는 그 사명감이 그로 하여금 그 지리하고 힘든 십 년의 광야 생활과 고난스러운 망명 생활을 감내할 수 있게 했다. 사울을 향한 치졸한 복수심과 사나운 적의에 지배를 당하지 않고 살 수 있게 된 것도 그 사명감 때문이었다.

모세도 그랬다. 광야, 더 내려갈 수 없는 그 가장 낮은 자리에서 양을 치던 어느 날, 그는 떨기나무에 불이 붙은 장면을 만난다. 그를 불타는 떨기나무 앞에 세우신 하나님께서는 낮아질 대로 낮아진 그에게 그제서야 진정한 소명을 주신다. 그 불타는 떨기나무는 그가 애굽의 왕자로 있을 때 구출하고자 했던 이스라엘 백성, 지금까지 고난의 불꽃 아래 고생하는 불쌍한 백성들의 모습이었다. 하나님께서는 그 불붙은 가시떨기나무와 같이 고통스러워하는 백성들의 모습을 보여 주시면서 모세에게 소명을 주셨다.

힘들고 어려운 낮은 곳에 있을 때 우리는 자신이 겪는 고통만 생각하는 경향이 있다. 자기 감정, 자기 문제라는 아둘람 동굴에 갇혀서 나오지 못하는 경우가 많다. 그 상태에 머물러 있으면 점점 자기 고통만 커 보이고 피해 의식에 매여 살게 된다. 그것은 사울처럼 되는 길이다. 하지만 우리는 그 고통의 자리에 서 있을 때 비로소 이전에 보지 못했던 다른 사람의 고통을 볼 수 있게 된다. 그리고 세상에는 아픈 사람들, 괴로운 사람들이 너무나 많다는 것을 발견한다. 그렇게 고통스러운 무수한 사람들과 내가 한 가지라는 것을 깨닫게 되면 비로소 사람이 보이고, 그 사람들이 보일 때 삶이 보이고, 어떻게 사는 것이 옳은지가 보인다.

우리는 더러 좋은 경치를 보러 관광지를 간다. 사람들로 둘러싸인 도심 한복판의 분주한 삶에서 벗어나 쉼을 누리기 위해 필요한 일이다. 그럼에도 불구하고 우리가 정말 제대로 보아야 하는 것은 사람이다. 사람들의 다양한 표정을. 그리고 그 표정 너머의 마음을 제대로 볼 수 있어야 한다. 그들의 삶 뒤에 있는 고통과 눈물을 볼 수 있어야 한다. 그리고 그 사람들 뒤에서 그들을 좌절하게 하는 세상의 구조를 볼 수 있어야 한다. 그럴 때 내가 무엇을 해야 하는지가 보인다.

다윗이 그때 비로소 좋은 왕이 될 수 있었듯이, 우리도 이 세상을 살면서 사람들을 긍휼하는 마음으로 볼 수 있을 때에야 하나님께서 원하시는 그리스도인이 될 수 있을 것이다. 세속적인 성취와 성공의 고지를 향하여 올라갈 때가 아니라, 오히려 낮은 곳으로 내려올 때 진짜 그리스도인으로 살 수 있을 것이다.

내려갈 때 본 하나님

다윗은 내려가면서 자신을 새롭게 볼 수 있었고, 인간에 대해서도 새롭게 볼 수 있었다. 그런데 그가 비로소 새롭게 보게 된 대상이 자신과 인간뿐만이 아니라 또 있었다. 그는 바로 하나님을 다시 새롭게 보게 되었다.

물론 다윗은 골리앗을 무너뜨리고 승승장구하며 올라가는 길에서도 위대하신 그분을 경험했었다. 그런 만큼 그는 쫓겨 다니고 도망하며 내려가는 길에서는 그분을 보기가 어렵다고 생각했을 것이다. 어쨌든 그는 내려간 자리에서 기도하지 않을 수 없었는데, 가치 있는 것이 아무것도 없는 듯한 그곳에서 납작 엎드리니, 하나님을 이전보다 더 선명하게 잘 보기 시작했다. 그분께서는 가장 낮은 곳에서 가장 잘 보이는 분이셨던 것이다.

그리고 그는 내려갈 대로 내려간 가장 낮은 광야가 하늘과 가장 가까운 곳임도 발견하게 되었다. 그는 그곳에서 만난 하나님, 그곳을 성소로 삼으시는 하나님에 대해 찬송시를 많이 썼다. 그래서 그가 수많은 시를 쓴 곳은 왕궁이 아니라 바로 광야였다. "광야는 하나님으로 가득한 곳"* 이었기 때문이다. 가치 있는 것이 아무것도 없는 듯한 곳에 하나님의 영광이 충만하고, 더 내려갈 수 없는 가장 낮은 곳이 하늘과 가장 가까운 곳이다. 이것이

---

* 유진 피터슨 지음, 이종태 옮김, 『다윗: 현실에 뿌리박은 영성』(IVP, 2009), 126쪽.

성경이 증언하는 역설적 진리이다.

내려갈 때 본 것이 올라가게 만든다

다윗은 내려가는 길에서 소중한 꽃을 보았다. 광야에서 가장 소중한 것을 얻게 되었다. 다 잃어버렸다고 하는 자리에서 가장 중요한 것을 얻게 된 것이다. 다윗에게 그렇게 자신에 대해서, 사람에 대해서, 하나님에 대해서 새롭게 보게 된 경험이 다시 올라가고 일어서는 힘이 되었다. 바로 그것 때문에 다윗은 하나님의 마음에 합한 왕이 되었고, 그것 때문에 그는 삶의 풍파에도 견고하게 설 수 있었다. 그에게는 올라가는 길보다 내려가는 길이 사실 더 소중하고 필요했다.

우리의 삶이 우리를 광야로 내몰 때가 많다. 건강이, 사업이, 인간관계가 우리를 광야로 던져 넣는다. 그래서 아무도 없는 허허로운 광야에 설 때가 있다. 그런 광야에 섰을 때, 우리는 무엇을 해야 하는가? 그곳에서 무엇을 보아야 하는가? 예수님께서는 말씀하셨다. "심령이 가난한 자는 복이 있나니 천국이 그들의 것임이요" 마태복음 5장 3절 마음이 심히 가난하게 된 광야의 자리에 비로소 천국이 임하고 천국이 보인다는 말씀이 얼마나 역설적인가? 그러나 그 광야의 가난한 마음에서만 보이는 그것을 보면 그는 다시 회복된다.

인생에서 광야가 없는 사람은 아무도 없다. 다만 그 광야에서 서로 다른 두 길을 가는 사람이 존재할 뿐이다. 광야에서 텅 빈 들판 외에는 아무것도 보지 못하는 사람과, 그곳에서 가장 소중한 것을 보는 사람이 있다. 광야에서 마음이 더욱 광야처럼 되는 사람과, 광야에서 마음이 새롭게 되는 사람이 있다. 광야에서 길을 잃어버리는 사람과, 광야에서 자기가 가야 할 길을 찾는 사람이 있다. 전자는 사울의 길이고 후자는 다윗의 길이다. 두 사람의 차이는 광야에서 보이는 것을 보느냐 보지 못하느냐에서 말미암는다. 우리는 사울과 다윗의 길 중 어느 길을 걷고 있는가?

내려갈 때 보이는 것을 잘 보자. 그때 보이는 것을 경히 여기지 말자. 그때 하나님께서 주시는 메시지에 귀를 기울이자. 높은 곳에 설 때 보이는 것만 전부라고 여기지 말고, 낮은 곳에서 설 때 비로소 잘 보이는 그 중요한 것을 제대로 보려고 해 보자. 내려갈 때 보이는 것을 제대로 보는 사람은 반드시 다시 일어설 수 있다. 반석 위에 설 수 있다. 이것은 우리에게나 오늘날 교회에게나 마찬가지이다. 높은 곳에서 보이는 것만이 아니라, 낮은 곳에서만 비로소 제대로 보이는 것을 잘 보아야 한다. 그래야 교회가 다시 일어나고, 그래야 우리도 일어날 수 있다.

이상과 현실 사이에서
(사무엘상 24장 1~7절, 27장 1~4절)

두 얼굴

인간은 대부분 이상과 현실 사이를 왔다 갔다 하면서 산다. 때로 이상을 추구하고 때로 현실에 타협하면서, 때로는 도덕적이고 고상한 모습으로 때로는 현실적이고 인간적인 모습으로 말이다. 스스로에 대해서 괜찮은 존재로 여기다가, 또 스스로에 대해서 실망하기도 한다. 우리는 이렇게 이상과 현실 사이를 시계추처럼 왔다 갔다 하면서 살아간다.

그런데 이것은 우리와 같은 평범한 사람들의 모습만은 아니다. 성경에 나오는 영웅 다윗도 그랬다. 다윗 이야기를 읽어 가다 보면 그의 위대함에 감탄하기도 한다. 하지만 그의 연약함에 크게 실망하기도 한다. 한편 그에게서 위대한 성자를 보고, 또 한편 그에게서 타산적인 세속인을 본다. 이렇듯 성경은 다윗의 이상적인 모습만 기록하지 않는다. 그를 완벽한 영웅으로 미화하지 않고 그의 모습을 있는 그대로 보여 준다. 그렇기 때문에 우리는 다윗 이야기를 읽으면서 우리의 이야기를 읽게 되고, 다윗을 보면서 우리 자신을 보게 되는 것이다.

사무엘상 24장부터 27장까지만 보아도 다윗의 이런 두 모습이 매우 현저하게 대조되어 나타난다. 그가 광야에서 망명 생활을 한 세월이 약 십 년이고 그 광야 생활에 관한 이야기 열다섯 개가 성경에 나오는데, 우리는 이를 통해서 다윗이 광야에서 한 인간으로서 어떻게 살아갔는가를 볼 수 있다. 그리고 비록 시대는 다르지만 역시 광야를 살아가는 우리들이 또한 어떻게 살아가야 하는지를 배울 수 있다. 우리가 살펴볼 다윗의 광야 이야기 네 편은 광야를 살아가는 우리들에게 중요한 교훈을 준다.

광야 동굴에서

다윗은 사울에게 쫓겨 유대 남쪽의 엔게디 광야에 머물고 있었다. 엔게디는 20세기 중엽에 그 유명한 사해 사본이 발견되기도 했던 크고 작은 동굴들이 있는 곳이다. 여기에 다윗과 그를 따르는 무리들이 숨어 지내고 있었는데, 결국 다윗의 위치는 멀리 떨어진 북쪽 기브아에 있는 사울의 왕궁에까지 알려지고 만다. 사울이 광범위한 첩보망을 펼쳐 다윗의 위치를 보고받았던 것 같다. 소식을 접한 사울은 곧바로 다윗을 잡으러 직접 남쪽 광야로 갔다.

유대 광야에서 다윗을 수색하던 사울은 용변을 보기 위해 한 동굴로 들어가게 되었다. 그런데 하필 바로 그 동굴 안에 사울이 찾던 다윗과 부하 몇 명이 더위를 피해서 쉬고 있었다. 그 동굴에 사울왕이 들어오자 다윗과 부하들은 얼마나 놀랐겠는가! 그들은 깜짝 놀라서 뒤로 물러섰는데, 작열하는 태양의 빛 가운데 있다가 갑자기 동굴에 들어갔기 때문에 사울의 눈은 그들의 존재를 알아보지 못했다.

동굴에 들어온 사울은 용변을 보기 위해 무기를 내려놓고 허리띠를 풀어 겉옷도 벗어 놓은 채 다윗과 부하들에게 등을 보이고 앉았다. 다윗에게는 사울을 죽일 수 있는 절호의 기회였다. 다윗의 부하들은 그가 죽은 목숨이나 다를 바 없으니 즉시 행동하자고 한다. 그런데 다윗은 잠시 생각하다가 그들의 행동을 저지시키고, 대신 사울이 벗어 놓은 겉옷을 조금 잘라 내고 제자리로 돌아왔다. 물론 사울은 무슨 일이 있었는지 모른 채로 옷을 챙겨 입고 동굴을 떠났다.

사울이 동굴을 벗어나 어느 정도 멀어졌을 때, 동굴 밖으로 나온 다윗이 이렇게 소리치며 사울을 향하여 엎드려 절했다. "내 주 사울왕이시여!" 이 소리를 들은 사울은 뒤를 돌아보고 깜짝 놀란다. 자기가 나온 바로 그 동굴 입구에서 다윗이 자신을 향해 소리치며 절하고 있었던 것이다. 다윗은 계속해서 이렇게 말한다. "임금님, 제 손에 들린 임금님의 옷자락을 보십시오. 임금님의 옷자락 대신에 임금님을 벨 수도 있었지만 그렇게 하지 않았습니다. 저는 임금님의 대적이 아닙니다. 저의 진심을 알아주십시오. 제가 어찌 감히 여호와의 기름 부음을 받은 분을 해하려 하겠습니까?"

다윗이 이렇게 진심을 호소하자, 사울이 감동하여 울면서 다윗에게 말한다. "네가 선하다. 하나님께서 나를 너의 손에 넘기셨지만, 너는 나를 죽이지 않았으니 하나님께서 선으로 갚으시기를 원한다."라고 말이다. 그랬으므로 사울이 다윗의 진심을 알고 받아 주었으면 되었는데, 사울은 그냥 그 광야를 떠나고 만다.

하길라 광야에서

이 일이 있은 후에, 다윗이 하길라라는 광야에 있다는 첩보를 들은 사울은 다시 군대를 데리고 남쪽으로 내려왔다. 다윗은 이번에는 밤을 틈타 사울이 머무는 야영지로 조용히 잠입하여 사울이 자고 있는 곳까지 접근한다. 사울은 창을 머리맡에 꽂아 놓고, 그를 둘러싼 부하들과 함께 무방비 상태로 곯아떨어져 있었다. 이때 함께 있던 아비새가 다윗에게 사울을 죽이자고 제안한다. 그는 하나님께서 주신 두 번째 기회라며 사울을 창으로 찌르려고 했다.

그때 다윗이 그를 붙잡고 말린다. 자신은 여호와의 기름 부음 받은 자를 해치는 죄를 범할 수 없노라며, 다윗은 사울의 머리맡에 있던 창과 물병만 가지고 물러난다. 그리고 사울의 야영지가 있는 산의 건너편으로 가서 사울을 불러 깨우고는 이렇게 말한다. "주님께서 오늘 임금님을 나의 손에 넘겨 주셨지만, 나는, 주님께서 기름부어 세우신 임금님께 손을 대지 않았습니다." 사무엘상 26장 23하반절, 새번역 다윗은 자신의 진심을 알아 달라고 호소한다. 그러자 사울은 이번에도 자신이 잘못했노라고 말하고 그곳을 떠나 돌아갔다. 그러나 여전히 마음은 바뀌지 않은 채였다.

나의 광야

다윗이 사울과의 관계에서 경험한 상황은 다음과 비슷하다. 나에 대해 험담하며 다니는 사람이 있다. 그 사람 때문에 너무 힘들게 지내다가, 그를 직접 만나 사실을 잘 설명하자 그가 자기 입으로 미안하다고 사과했다. 그런데 웬걸, 그가 또 다시 나에 대한 거짓 소문을 퍼트리고 다니는 것이다. 또 다음과 같은 경우라고 할 수도 있다. 어떤 사람을 힘을 다해 도와주었는데, 그는 은혜를 무시하고 계속 내게 손해를 끼치는 행동을 한다. 그를 힘들게 할 수도 있지만, 참고 계속 선대하고 돕는다. 그러나 그는 계속 다른 사람과 짜고 나를 힘들게 한다. 이와 비슷한 경우를

겪은 적이 있다면, 우리도 다윗이 있었던 엔게디 광야와 하길라 광야에 있었던 것이다.

만약 다윗이 사울을 볼 때마다 피가 솟고 분노가 치솟는 감정을 다스리지 않고 그를 죽였다면 어떻게 되었을까? 당장 그는 광야의 망명생활을 접고 왕위에 올랐을 것이다. 원수에 시달리던 광야 생활을 곧바로 끝낼 수 있었을 것이다. 하지만 그는 적법한 왕을 죽인 자라는 뗄 수 없는 꼬리표를 평생 달고 살게 되었을 것이며, 정통성 시비에 휘말려 재임기간이 내내 힘든 광야 생활처럼 되었을 것이다. 그리고 다윗 역시도 그에게 불만이 있는 부하들에게 목숨을 위협받는 처치가 되었을 수도 있다. 무엇보다도 그는 열두지파를 통합하여 통일왕국을 이루지 못했을 것이다.

하늘 법정

다윗은 사울을 죽일 수 있는 상황이 두 번이나 있었으나 그 순간 평정을 유지하고 바른 행동을 했다. 어떻게 다윗이 이렇게 할 수 있었을까? 그에게 특별한 자제력이 있었기 때문일까? 다윗을 만난다면 이것을 묻고 싶다.

그런데 그것은 다윗에게 어떤 능력이 아니라, 이런 믿음이 있었기 때문이다. 바로 하나님께서 살아 계시기에 이 모든 것을 다 아시고 재판하실 것이라는 믿음이다. 그는 이렇게 말한다. "그런

즉 여호와께서 나의 재판장이 되어 나와 왕 사이에 심판하사 나의 사정을 살펴 억울함을 풀어 주시고 나를 왕의 손에서 건지시기를 원하나이다"_{사무엘상 24장 15절}

비록 오해를 받고 있고 오해가 쉽게 풀리지 않고 있지만, 진실을 알고 계신 하나님께서 하늘 법정에서 재판해 주신다는 것을 믿었던 것이다. 자신의 사정을 아시는 하나님께서 억울함을 풀어 주신다고 믿었던 믿음이 자기 손으로 원수를 갚지 않도록 했다. 그 믿음이 자기가 행해야 할 정해진 범위를 넘지 않게 했다. 사울에 대해서는 하나님께 맡기고, 오직 그는 자기가 마땅히 가야 할 높은 수준으로 행하도록 만든 것이다.

요셉을 보아도 그렇다. 요셉보다 더 많이 오해받고, 억울하고, 모함과 배반을 당한 사람은 드물다. 그런데 그는 그럴 때에도 신기할 정도로 마음이 흔들리지 않았고, 호수와 같은 평정심을 유지할 수 있었다. 무엇이 요셉을 그렇게 만들었을까? 역시 모든 것을 아시는 하나님께서 바르게 재판하시리라는 믿음이 그것을 가능하게 했던 것이다.

우리는 이렇게 믿지 못할 때가 많다. 내가 이 문제를 해결하지 않으면 안 된다 싶어 성급하게 나서고 조용히 기다리지 못한다. 그래서 일들이 잘 풀리면 좋지만, 그 반대가 될 수도 있다. 그렇게 되면서 평정심을 더 잃게 된다. 이런 악순환이 반복되는 것이다. 신앙은 땅을 걸으면서 늘 하늘을 보는 연습을 하는 것이다. 하늘 법정을 믿는 믿음을 연습하는 것이다. 인생 광야에서 이것을 배워 가야 한다.

기도의 언어로 승화되어

이렇게 하늘 법정을 믿는다고 해도, 솔직히 그것이 우리 마음을 완전히 평안하게 하지는 못하는 경우가 많다. 하나님께서 아신다는 말씀이 머리로는 이해가 되는데 마음은 여전히 해결이 안 된다. 머리로는 맞다 수긍하나 마음은 여전히 힘들고 불편하고 억울하다.

다윗도 마찬가지였다. 그 역시 믿음의 고백이 머리에서 가슴으로 쉽게 이어지지 못했다. 그래서 그가 했던 것이 있다. 그것은 자기 속의 탄식과 고통의 감정을 기도의 언어로 승화시키는 것이었다. 찬송과 기도를 통해 분노와 억울함으로 뭉친 응어리를 풀어냈던 것이다. 찬송과 기도라는 마음의 출구가 없었다면 다윗 역시 이성을 잃고 폭발했을 가능성이 없지 않다.

다윗의 시편을 보면 '원수'라는 말이 여든 번 정도 등장한다. 그만큼 다윗 속에 원수에 대한 분노의 감정이 있었다는 뜻이지만, 그는 그것을 기도의 용광로 속에서 녹여냈다. 기도는 신앙적 단어를 정중하게 열거하는 것이 아니다. 내 속에 있는 것을 있는 그대로 하나님 앞에 노출시키는 것이다. 사도 바울의 말씀을 들어 보자. "아무 것도 염려하지 말고 다만 모든 일에 기도와 간구로, 너희 구할 것을 감사함으로 하나님께 아뢰라 그리하면 모든 지각에 뛰어난 하나님의 평강이 그리스도 예수 안에서 너희 마음과 생각을 지키시리라"빌립보서 4장 6, 7절 모든 일에 대한 염려를 기도와 간구라는 출구로 토로해 내라고 말하고 있다. 그럴 때 "지각에 뛰어난 하나님의 평강"이 임한다는 것이다.

우리는 다윗의 이런 모습을 보고 '그는 매우 특별한 사람'이라 말하며 넘길 수도 있다. 하지만 그렇게만 결론을 내릴 수 없다. 왜냐하면 그런 모습이 다윗의 전부가 아니기 때문이다. 진짜 다윗을 보려면 그의 또 다른 모습도 보아야 한다. 그래야 우리는 영웅화된 다윗이 아니라 실제 인물 다윗을 알게 되는 것이다. 성경은 다윗의 매우 침착하고 신앙적인 모습을 보여 주고 있지만, 동시에 때로는 난폭하고 나약한 모습을 보여 준다. 그런 다윗을 통해서, 신앙인으로 산다는 것은 늘 구름 위를 걷는 것만이 아니라 때로 진흙탕과 같은 땅을 걷는 것임을 알게 해준다.

또 다른 다윗

다윗은 사울에게 그의 진심을 알리며 화해하려고 했다. 하지만 사울은 이를 온전하게 받아들이지 않았다. 그래서 다윗은 사울에게로 돌아갈 수가 없었고, 여전히 유대 광야에서 그를 따르는 육백여 명의 무리들과 함께 지낼 수밖에 없었다.

나발이라는 지방 호족이 있었는데, 그는 갈멜이라는 곳에 큰 목장이 있었다. 다윗과 그의 부하들은 갈멜에 머무는 동안 나발의 목장을 보호해 주기로 결정했다. 함께 머무는 김에 강도들이 나발의 목장에 접근하지 못하게 막아 주는 친절을 베푼 것이었지만, 유대 광야에서 육백여 명의 부하들과 함께 지내면서 먹고 살기 위해서는 무슨 일이라도 해야 했기 때문이기도 하다. 일종의 사설 경호업을 한 것이다. 사울이 중앙 정부의 왕이기는 했지만 지방에서는 여전히 호족 세력이 곳곳에서 현지 세력을 구축하고 있었고, 그들이 자신의 생명과 재산을 지키기 위해서 개인 사설 경호대를 두는 일이 흔하던 때였다.

이윽고 양털 깎는 절기가 왔다. 이때는 목축업자들에게는 일종의 추수기와 같았다. 그 풍성한 수확기에 다윗은 부하를 보내서 나발에게 그의 목자들과 재산을 보호해 준 대가를 요청한다. 그러나 나발은 버럭 화를 내며 다윗을 무시하는 소리를 내뱉는다. "다윗은 누구며 이새의 아들은 누구냐 요즈음에 각기 주인에게서 억지로 떠나는 종이 많도다" 사무엘상 25장 10절 다윗 같은 존재는 관심을 둘 가치도 없을 뿐 아니라, 그가 선한 주인인 사울을 떠난 나쁜 반역자요 무뢰한이라고, 그리고 그의 부하들은 사회를 불안하게 하는 불량배들이므로 떡 한 조각도 주기 아깝다고 말한 것이다.

  이런 이야기를 부하로부터 전해 들은 다윗은 즉각 분노했다. 그리고 당장 나발을 죽이겠다며 사백여 명의 부하들과 함께 칼을 차고 나섰다. 이렇게 직접 복수하러 길을 나서는 다윗은 사울을 앞에 두고 평정심 넘치는 모습을 보였던 다윗과는 많이 다르다. 나발에게 심히 분노하며 그 집안을 몰살하려고 나선 것이다.

  이 사실을 알았던 나발의 아내 아비가일이 상황을 정확하게 그리고 신속하게 파악하고 민첩하게 움직였다. 그녀는 급히 떡과 포도주, 양고기 요리를 준비해서 다윗을 영접하러 나가 그의 앞에 엎드려 절했다. 그리고 미래에 이스라엘의 왕이 될 사람이 분노 때문에 나발이라는 지방 호족 하나를 멸하는 것은 왕도에 큰 오점을 남기는 것이라고 다윗을 설득한다.

  다윗은 그녀의 말을 듣고 비로소 정신을 차렸다. 그는 칼을 거두고 피 흘림을 막아 주신 여호와께 감사를 드렸다. 얼마 후에 나발은 하나님께서 치셔서 죽게 되었는데, 만약 다윗이 그의 손으로 나발을 죽이게 되었다면 그는 유대 광야의 다른 호족들에게 적대적인 인상을 주게 되었을 것이다. 그것이 미래에 호족들의 인정을 받는 왕이 되어야 할 그를 그저 유랑하는 조직폭력배로 주저앉히는 과오가 될 수도 있었다.

다윗에게서 보이는 분노하고 절제하지 못하는 모습, 분노 때문에 멀리 보지 못하고 큰 것을 잃어버리는 모습은 우리 자신에게서 흔히 보는 모습이 아닌가? 다윗의 경우는 아비가일의 말을 들은 덕에 선을 넘지 않았지만, 우리는 남의 말에 귀를 기울이지 않고 성질대로 행동했다가 어려움을 자초한 경우가 없는가? 사실 우리 삶에서 물을 엎질러 놓고 뒷수습을 하느라 어려워할 때가 얼마나 많은가?

시간이 흘러, 다윗은 그를 따르는 무리들과 함께 유대 광야로 피신을 와 살고 있었다. 그러던 중 사울에게 진심을 전달하며 그와 화해하기를 시도했지만, 여전히 사울은 다윗을 죽이려는 행동을 그치지 않았다. 이제 유대 광야도 사울의 손으로부터 안전하지 못하다고 판단한 그는 무리들을 데리고 유대 땅을 떠난다. 그리고 아예 이스라엘의 적국인 블레셋 땅으로 정치적 망명을 하여, 적국의 왕의 신하로 살게 되었다.

다윗 같은 위대한 인물이 하나님께서 기업으로 주신 땅을 떠나 생존을 위해서 적국으로 갔다는 것, 적국의 왕을 위한 신하로 살아가기로 선택했다는 것은 이해하기가 어렵다. 어쨌든 이렇게 다윗이 적국 블레셋으로 도망한 것을 알게 된 사울은 비로소 다시는 그를 수색하거나 추격하지 않게 되었다. 그리고 다윗은 왕도인 가드와 멀리 떨어진 지방 성읍 시글락에서 살도록 블레셋 왕에게 허락을 받고 그곳에서 생활한다.

시글락은 왕도와 멀리 떨어져 있기에 다윗은 비교적 활동의 제약을 덜 받고 지낼 수 있었는데, 그곳에서 지낸 세월이 약 일 년 사 개월이었다. 그곳에서 다윗은 자신의 군사력을 최대한 노출시키지 않으면서 활동한다. 그는 남방 족속들을 정벌하여 전리품을 포획하고는, 그 일부를 마치 이스라엘에게서 빼앗은 것처럼 거짓으로 보고하며 아기스 왕에게 바친다. 그렇게 함으로써 이스라엘을 완전히 배반한 것처럼 블레셋 왕의 눈을 속이면서 살아갔다. 자신의 활동이 들통나는 것을 막으려고 한 부족 전부를 몰살하기도 했다. 그것이 그가 처한 현실에서 선택할 수 있었던 유일한 생존책이었다고 해도, 그가 보인 행동을 다 수긍하기는 힘들다.

살아남는 것만이 목표가 될 때

다윗의 이런 모습이 우리에게는 실망스럽기도 하다. 위대한 신앙인인 다윗이 어떻게 이렇게 적국으로 도망하고, 적국의 왕을 위해서 봉사하고, 거짓말도 하며 무고한 사람을 살해하며 살 수 있는가? 그러나 이런 다윗의 모습은 비록 실망스러운 모습이긴 하지만, 이렇게라도 살아남는 것이 유일한 목표가 되는 그런 참담한 상황이 우리 현실에 존재한다는 것을 알아야 한다. 자신과 부하들이 생존하기 위해서는 비정할 정도로 냉혹한 현실주의자가 되는, 그래서 때로 도덕적으로 정당화되기 어려운 행동을 할 수 밖에 없게만 보이는 현실이 있다는 것이다.

물론 이렇게 살아가는 것을 정당화해서는 안 된다. 하지만 현실의 삶에는 그저 도덕적 잣대만 들이대면서 비판하는 바리새인의 눈으로는 다 이해할 수 없는 복잡한 진실이 있다는 것이다. 우리 주위를 보자. 광야 같은 삶에서 생존하는 것 자체만으로도 너무 힘에 겨운 사람들이 있지 않은가? 죽지 못해서 사는 사람들도 많다. 많은 사람들이 타협하고 때로 죄를 범하는데, 그렇게 사는 것이 옳지 않지만, 우리는 그들을 그런 타협으로 떠미는 감당하기 어려운 삶의 무게를 느낄 수 있어야 한다.

다윗이 사울에게 쫓겨 실로의 성막으로 피신해 와서 거룩한 떡을 먹었을 때에도, 하나님께서는 제사 규례를 지키는 것보다는 생존을 위해 몸부림치는 그들의 절박성을 인정해 주지 않으셨는가? 이렇게라도 살려고 하는 사람에게, 삶의 희망을 포기하고 차라리 죽는 것이 낫다고 할 수는 없다. 하나님께서 주신 삶이라는 선물마저도 하찮게 생각하게 만드는 것은, 타협해서라도 살려고 하는 것보다 더 나쁠 수 있다. 다윗의 이런 모습은 또한 우리 삶의 한 부분이다. 우리의 신앙에도 역시 이런 모습이 있다.

이상과 현실 사이에서

우리는 다윗이 광야에서 보여 준 면면이 다양하다는 것을 알게 되었다. 우리가 갖는 태도도 늘 한결같기만 한 것은 아니다. 다윗이 이스라엘과 블레셋의 경계를 넘나들며 살았던 것처럼 우리는 교회와 세상의 경계를 넘나들며 살고, 다윗이 평정과 분노 사이를 왔다 갔다 하면서 살았던 것처럼 우리도 희망과 절망 사이를, 용기와 좌절 사이를 왔다 갔다 하면서 그렇게 살아간다. 때로는 진실하고 정직한 사람으로, 때로는 거짓말로 적당히 둘러대는 사람으로, 때로는 남을 배려하고 용서하는 사람으로, 때로는 남의 작은 허물에도 크게 분노하며 복수하려는 사람으로, 때로는 원칙을 말하는 사람으로, 때로는 상황논리로 타협하며 사는 사람으로 그렇게 시계추처럼 왔다 갔다 하면서 살아간다.

이것이 우리의 모습이고 사무엘서에 나오는 다윗의 모습이기도 하다. 그러나 낙망하지 말자. 하나님께서는 우리가 삶의 모든 상황에서 늘 도덕적이고 바른 삶을 살기를 바라시지만, 그러나 우리의 상황을 아시고 불완전한 모습도 품어 주는 분이심을 알아야 한다. 하나님께서는 우리에게 높은 목표를 주시지만, 동시에 우리가 그저 인간일 뿐임도 알고 계심을 기억해야 할 것이다. 그러니 이상적이지 못한 자신을 보고 너무 실망하지 말자.

그렇다고 현실과 쉽사리 타협하거나 고난을 맞아 금방 주저

앉는 모습을 합리화하거나 정당화하지도 말 일이다. 혹시 현실에서 하나님께서 주신 목표를 너무 쉽게 포기하는 자신의 모습을 보고 힘이 빠져 있다면, 일어나자. 또 자신이 반대로 완벽하게 신앙적인 삶을 사는 것처럼 스스로 생각한다면, 넘어질까 조심하자.

우리는 늘 이상과 현실 사이를 왔다 갔다 하며 산다. 하지만 그런 수없는 반복 속에서도, 현실의 자리에 멈추어 있지는 말자. 시계추가 흔들리면서 시곗바늘을 움직여 내는 것처럼, 우리도 인생 광야에서 쓰러지고 또 일어나는 그런 과정을 끝없이 반복하면서, 그런 과정을 통해서 조금씩 앞으로 나아간다. 그러니 자만하지도, 실망하지도 말고 한 걸음씩 앞으로 나아가자. 희망과 좌절 사이를 오가지만, 그런 과정 속에서 다시 일어나, 늦더라도 꾸준히 앞으로 나아가자.

3부

왕 같은 제사장으로 사는 사람

Life lessons in the Books of Samuel

모래를 품어야 진주가 된다
(사무엘상 30장 1~6절, 사무엘하 1장 17~27절)

바깥의 적과 안의 적

삶의 문제는 안팎으로 늘 있다. 밖에서 오는 문제가 많고 힘들어 안이 약해질 수 있는가 하면, 도리어 그것 때문에 강해질 수도 있다. 또 밖의 도전이 적거나 없어서 안이 안정될 수도 있지만, 도리어 안이 나태해져 무너지는 경우도 있다. 밖의 도전이 없다는 것이 반드시 좋은 것도 아니고, 밖의 도전이 있다는 것이 반드시 나쁜 것도 아니다.

문제는 밖의 도전을 어떻게 유익한 기회로 삼느냐 하는 것인데, 내적으로 준비된 사람에게는 주어지는 모든 상황이 기회지만, 그렇지 않은 사람은 상황 가운데 위기를 맞기 쉽다. 입시가 준비된 자에게는 기회지만 아닌 자에게는 위기인 것과 마찬가지이다. 준비된 자에게는 밖의 상황은 디딤돌이 되지만, 준비되지 않은 자에게는 걸림돌이 되는 것이다.

이스라엘 열두지파의 공동체는 블레셋의 위협적인 공격 때문에 왕을 요구했다. 그때 사울이 왕이 되었다. 사울은 왕에 대한 백성들의 기대에 부응해야 했다. 그런데 때마침 다윗이라는 탁월한 장수를 얻게 되었다. 이것은 사울에게는 너무나 좋은 기회였다. 사울은 다윗을 통해서 자기의 왕권을 더욱 견고하게 할 수 있었다.

그런데 그 절호의 기회를 맞이하여 잘못된 태도를 취하게 되자, 질투심이라는 적이 자기 안에 침투하는 것을 허용하고 내면이 무너지게 된다. 그는 자신과 국가의 거의 모든 역량을 다윗을 제거하는 일에 쏟아붓게 되고, 결국 블레셋과의 전쟁에서 죽게 된다. 사울은 블레셋과의 전투에서 패배하기 전에 이미 내적으로 패배하고 있었다. 그의 패전은 내적 패배가 외적으로 드러난 것에 불과하다.

이와 달리 다윗에게는 내적으로는 갈등과 고뇌가, 외적으로는 수많은 난제와 어려움들이 있었지만, 말씀과 기도와 찬양으로 내적인 승리를 지속적으로 이루어 가게 되었다. 그렇게 그 힘든 외부의 상황을 잘 극복해 낸 그는 마침내 통일왕국을 세우게 된다.

진주조개

두 사람의 대조적인 삶은 진주조개 이야기를 떠올리게 한다.

조개는 자기 속에 들어온 모래알을 잘 품어 내지 못하면 죽는다고 한다. 사울이 그런 경우와 같다. 그런데 자기 속에 들어온 모래알을 잘 품어 내면 마침내 그 속에 진주가 생긴다고 한다. 다윗은 자기 삶에 찾아와 아픔을 줬던 모래알 같은 많은 사건들을 제대로 품어 낸 결과, 자기 속에서 시편들이라는 진주를, 인격적 변화라는 진주를, 공동체의 결속과 통일왕국이라는 진주를 만들어 낸 것이다.

우리의 삶 속에도 모래알들이 들어온다. 그 외부의 상황에 어떻게 대응하느냐에 따라 그 아픔과 문제와 고통으로 내가 쓰러질 수도 있고, 그것을 진주로 만들어 갈 수도 있다. 다윗의 이야기 세 편은 모래를 품은 조개와 같은 삶에서 우리가 어떻게 진주를 만들어 낼 수 있는지를 보여 준다.

첫째는 시글락에서의 이야기이다. 다윗은 적장 골리앗을 이긴 이스라엘 최고의 장수였다. 사울이 이러한 다윗을 잘 품고 정치적으로도 잘 활용했다면 왕으로서 나라를 더 잘 이끌어 갔을 것이다. 그런데 사울은 그의 삶에 들어온 다윗이라는 존재를 경쟁자요, 적이요, 원수로 보기 시작했다. 이런 잘못된 관점을 결국 고치지 못하자, 다윗이라는 존재는 사울의 마음속에서 스스로를 불태우는 적대감과 질투심의 불길을 지피는 장작이 되었다. 결국 사울은 그 불에 자기가 소멸되고 말았다. 다윗을 향한 질투와 미움을 계속 품었던 것이 결국 자기를 파괴하고 말았던 것이다.

사울은 다윗을 평생 동안 정적으로 여겨 그를 제거하려고 했기 때문에, 다윗은 그의 칼을 피해 유대 광야로 다닐 수밖에 없었다. 더 이상 사울의 체포망을 피할 수 없다고 판단한 다윗은 결국 이스라엘의 적국인 블레셋으로 정치적 망명을 하고 만다. 그리고 그곳에서 자신을 따르는 육백여 명의 부하들과 가족을 먹여 살려야 하는 현실적 문제 때문에 외줄을 타듯이 위태로이 살아갔다.

적국인 블레셋에서 원치 않게 블레셋 왕의 신하가 되었다 보니 그에게 곤란한 일이 생길 수밖에 없었다. 그가 블레셋에 머문 지 일 년이 조금 넘었을 즈음, 블레셋 왕은 이스라엘을 침공할 계획을 세우고 다윗과 그의 부하들도 이 전쟁에 참전시키려고 아벡으로 오게 했다. 다윗은 매우 유능했고, 왕은 다윗과 부하들을 돈 때문에 용병이 되어 사는 흔한 무사들 무리라고 보았기 때문이다. 다윗은 블레셋 땅에서 살면서 도움을 받고 있었던 터라 블레셋 왕의 요청을 거부할 수 없었다. 그렇다고 자기 조국인 이스라엘을 공격하는 그 전쟁에 참여할 수도 없었다.

그런데 마침 블레셋 장수들이 다윗이 전쟁터에서 배신할지도 모른다고 의심하게 되고, 왕에게 다윗을 전쟁터로 데려가지 말도록 간청한다. 그래서 다윗은 다행스럽게도 이스라엘과의 전쟁에 참전하지 않게 되었다. 위기를 잘 넘긴 다윗은 편한 마음으로 거주지인 시글락으로 돌아갈 수 있을 듯했다.

파괴당한 시글락

다윗이 부하들과 함께 사흘 길을 내려와 시글락에 도착했는데, 시글락에서 그들을 반긴 것은 반가운 가족들이 아니라 파괴된 집들의 폐허와 잿더미에서 피어오르는 연기였다. 이스라엘의 오랜 숙적이었던 아말렉인들이 마을을 초토화시키고 가족들을 다 끌고 간 것이다. 이 광경을 본 다윗과 부하 육백 명은 엄청난 충격에 휩싸였다. 얼마나 비통했던지 남자들이 더 이상 울 기력이 없을 때까지 울었다. "다윗과 그와 함께 한 백성이 울 기력이 없도록 소리를 높여 울었더라" 사무엘상 30장 4절

그런데 이러한 부하들의 비통함은 지도자 다윗을 향한 분노로 바뀌기 시작했다. 가족을 잃어버린 그들의 슬픔이 이성을 마비시킨 것이다. 그래서 그들은 다윗을 죽여 버리자고 나서게 된다. 다윗이 블레셋 왕의 부름에 시글락을 전혀 방비하지 않고 육백여 명을 다 데리고 나선 탓에 일이 벌어졌으니, 그 책임을 다윗이 다 져야 한다는 것이다.

부하들은 그동안 그들이 다윗에게 받았던 은혜도 깡그리 잊

어버렸다. 극한의 슬픔에 빠진 그들의 마음을 이해 못할 바는 아니지만, 선을 넘은 그들의 하극상은 다윗과 부하들 사이의 신뢰를 무참히 깨뜨리고 만다. 다윗과 부하들의 사이는 회복이 어려울 정도로 벌어졌다. 서로를 향하여 책망과 원망의 돌멩이를 던지게 되면서 광야에서 함께 지냈던 모든 과거가 의미를 잃고, 공동체가 침몰하는 배처럼 가라앉게 된 것이다.

이처럼 다급한 상황에서 다윗이 어떻게 말하고 행동하느냐가 참 중요했다. 다윗은 부하들에게 분노하여 그들의 무례함과 배은망덕함을 따질 수도 있었다. 또는 실패한 자기 자신에게 몰두하여 크게 좌절할 수도 있었다. 그런데 그는 어떻게 했을까? "다윗이 크게 다급하였으나 그의 하나님 여호와를 힘입고 용기를 얻었더라"사무엘상 30장 6절 그는 하나님을 바라보았던 것이다.

그냥 '하나님'이 아니라 '하나님 여호와'라고 표현한 것에 주목할 필요가 있다. 하나님을 부르는 히브리어 호칭은 '여호와'가 있고, 보통 구약성경에서 '하나님'으로 번역하는 '엘로힘'도 있다. 그런데 '여호와'라는 이름은 특히 언약의 하나님을 가리킨다. 다윗이 '하나님 여호와를 힘입었다'라는 것은, 다윗이 그때 언약의 하나님, 약속을 끝까지 지키시는 신실하신 하나님을 믿었다는 뜻이다. 일촉즉발의 다급한 위기, 자신도 부하도 믿을 수 없었던 그 상황에서, 오직 믿을 이는 하나님밖에 없음을 알고 그분을 의

지했던 것이다.

다윗은 언약의 하나님을 의지하고 기도함으로써 하나님께서 가족을 찾게 도와주신다는 확신을 갖게 된다. 그리고 그 기도를 통해 자기를 죽이려고 달려드는 부하들을 품는다. 그들을 데리고 가족을 찾으러 함께 길을 나선 것이다. 만약 기도 중에 얻은 답을 가지고 온유하게 응하지 않았다면, 격앙되어 다윗을 돌로 쳐 죽이자는 부하들에게 그들과 같은 감정과 분노로 응했다면, 어떻게 되었을까?

우리에게도 조개 속으로 들어간 모래알처럼 우리의 마음을 후벼 파고 들어오는 고통스러운 문제가 있다. 그때 감정에 사로잡혀 문제에 맞서면 안 된다. 우리는 그런 식으로 대응하는 것이 답인 줄로 자주 착각한다. 그러나 분노와 미움은 올바른 답이 되지 못한다. 하나님 앞에서 얻은 답, 기도와 말씀에서 나온 답이 참된 답이다. 그러므로 위기 앞에서 우리는 먼저 약속의 하나님께로 잠시 물러나야 한다. 내게 들어온 문제라는 모래알을 내뱉으려고만 하지 말고, 기도로 감싸야 한다. 그러다 보면 결국 문제도 풀고, 자신도 내적으로 성숙해진다. 그러면서 기도로 품은 문제라는 모래알이 해결과 성숙이라는 진주로 바뀌어 간다.

그렇게 모래알과 같은 상황을 실제로 기도로 품어 내어 만들어진 진주들이 다윗의 시편들이다. 무슨 문제이든 기도로 품지 못할 문제는 없고, 기도로 품을 때 달라지지 않는 문제도 없다. 기도로 품은 모래알은 서서히 진주로 바뀐다. 바울 사도는 아무 것도 염려하지 말고 모든 일에 기도와 간구로 하나님께 나아가라고, 우리의 등을 두드리며 격려한다.

브솔 시냇가

다윗의 이야기는 두 번째 이야기로 이어진다. 다윗과 부하들은 가족들을 찾으러 나섰다. 그러나 폐허가 된 시글락의 모습을 본 그들은 사기가 꺾여 있었고, 아벡에서 시글락까지 사흘 길을 내려온 상태라 지쳐 있기도 했다. 무엇보다 잃어버린 가족들이 어디에 있는지도 모르는 상황에서는 그들을 찾을 방도가 딱히 없으니, 힘이 생겨날 수가 없다.

아니나 다를까, 얼마 가지 못해 낙오자들이 생기기 시작했다. 이백여 명의 부하들이 브솔 시내에 이르러 더 이상 건너갈 수 없다며 그 시냇가에 주저앉고 말았다. 다윗은 그들을 책망하거나 억지로 끌고 가지 않는다. 그들을 브솔 시냇가에 남겨두고, 나머지 사백 명과 브솔 시내를 건너 황량한 사막 지역으로 깊숙이 들어갔다. 하지만 적의 위치에 대한 아무런 첩보나 정보가 없는 상황이었다. 그 넓은 지역에서 어디로 가야 할지 모르는 채 이리저리 찾아다니는 것은 얼마나 무모한 짓이며, 또 얼마나 힘 빠지는 일인가?

이렇게 길을 가는데, 마침 길가에 버려진 채 죽어 가는 병든 이집트 소년 하나를 발견했다. 그냥 지나칠 수도 있었지만, 다윗은 길을 멈추고 그를 돌보아 주었다. 그런데 알고 보니 그 소년은 아말렉 왕의 종이었다. 아말렉 군대는 병에 걸린 그 소년을 성가신 존재로 여기고 이 황량한 사막에 내버린 것이다. 먹지도 마시지도 못한 채 버려진 그를 다윗이 도와주자, 그가 아말렉인들의 거처를 다윗에게 알려 준다. 하나님께서 다윗을 도우신 것이다.

이렇게 해서 적들의 위치를 알아낸 다윗과 부하들은 그곳으로 달려갔다. 때는 땅거미가 내리는 시간이었다. 적들은 시글락에서 노략해 온 음식으로 잔치를 벌이고 있었는데, 약탈한 시글락에서 매우 멀리 떨어진 곳이었기에 안심하고 보초도 세우지 않고 있었다. 이런 그들을 치는 것은 식은 죽 먹기였다. 드디어 다윗과 부하들은 한 사람도 아내와 아이들을 잃어버리지 않고 다 되찾아 오게 되었다. 전리품도 가지고 말이다.

그러자 얼마 전까지도 다윗을 죽이겠다고 했던 부하들이 이번에는 다윗을 높이며 이렇게 외친다. "다윗의 전리품이라"사무엘상 30장 20절 다윗 때문에 전리품까지 얻었다는 말이다. 사람들이 이렇게 변한다.

전리품과 분열

이 이야기는 승리의 기쁨에 찬 이 장면으로 끝나도 될 것 같다. 그런데 진짜 중요한 장면은 그 다음에 나온다. 승리감에 도취된 사백 명의 군사들이 브솔 시냇가로 돌아오는데, 그곳에는 이백 명의 동료들이 머물러 있었다. 이들은 돌아오는 가족을 보고 벌떡 일어나 반갑게 껴안고, 또 동료들이 거둔 승리를 함께 기뻐한다.

그런데 전쟁에 나갔던 이들 중에서 이렇게 말하는 사람들이 생겨났다. "시냇가에 남았던 이들은 가족을 만나는 것으로 충분해. 그들은 우리가 힘들게 가져온 전리품에 손도 대지 말아야 해. 그들은 그럴 자격이 없어!" 다 함께 기뻐해야 할 순간에, 보상을 위한 전리품 분배라는 문제가 공동체라는 조개 안에 슬며시 모래알처럼 들어오게 되었다. 공동체가 적을 이기고 나자 내부에 문제가 생기기 시작한 것이다.

우리도 가족들 안에서 잘 지내다가도 재물 때문에, 이해관계 때문에, 집안일 때문에 다툼과 불편한 마음이 슬며시 마음속에 들어오곤 한다. 당신이 한 게 뭐냐고 말해 버린다. 나만 억울하다는 섭섭한 마음이 슬며시 들어온다. 자기들끼리만 논다는 볼멘소리가 입에서 나온다.

은혜로 모래알을 품다

이때 다윗이 나서서 이렇게 그들을 달랬다. "동지들, 주님께서 우리를 지켜 주시고, 우리에게 쳐들어온 습격자들을 우리의 손에 넘겨 주셨소. 주님께서 우리에게 선물로 주신 것을 가지고, 우리가 그렇게 처리해서는 안 되오. 또 동지들이 제안한 이 말을 들을 사람은 아무도 없소. 전쟁에 나갔던 사람의 몫이나, 남아서 물건을 지킨 사람의 몫이나, 똑같아야 하오. 모두 똑같은 몫으로 나누어야 하오."사무엘상 30장 23~25절, 새번역

가족을 찾아온 것도, 전리품을 얻은 것도, 오늘의 이 기쁨을 안은 것도 모두 자기들의 공로라고 생각하며 권리를 독점하겠다고 주장하려는 이들에게, 다윗은 이 모든 것은 사실상 주님께서 하신 것이라고 말한 것이다. 가족을 찾게 된 것은 다 주님의 도우심과 은혜요, 전리품은 주님께서 주신 선물이니, 전쟁에 나간 사람이나 남아서 물건을 지킨 사람이나 몫이 같아야 한다. 이것은 우리 모두 연약한 존재일 뿐이며, 우리는 오직 은혜로 산다는 진리를 다시 일깨운 것이다.

다윗은 전쟁과 광야 생활로 마음이 팍팍해진 이들에게 그들 신앙의 근본과 기초를 다시 생각하게 했다. 원래 이들은 오갈 데 없었던 사람들이었다. 다 뺏겨서 광야로 도망갔던 사람들이었다. 그런데 상황이 약간 바뀌었다고 이전 모습을 망각하게 되었

다. 그들이 원래 누구였는지를 잊었던 것이다. 다윗은 그것을 기억하게 함으로써 이 상황을 은혜와 감사로 품을 수 있게 했다.

우리는 우리의 원래 모습을 잊지 말아야 한다. 우리는 원래 들풀의 꽃과 같은 존재이다. 우리는 원래 죄인이다. 우리는 원래 은혜로, 하나님의 선물로 지금까지 살아 온 사람들이다. 이렇게 은혜와 감사로 공동체 안에 들어온 모래를 감싸고 품을 때, 그 갈등의 모래알은 화평과 화목이라는 진주로 바뀌게 된다.

노래를 부르라

이 이야기는 세 번째 이야기로 이어진다. 이렇게 다윗과 무리들은 아말렉에게 뺏겼던 가족들을 도로 찾게 되었다. 하지만 이때 이스라엘은 블레셋과 전쟁을 치르고 있었고, 길보아산에서 사울과 요나단은 전사하고 말았다. 다윗과 그의 부하들에게는 가족을 되찾은 기쁨이 있었지만, 이스라엘 진영에는 지도자를 잃은 슬픔이 짙게 드리웠다.

다윗에게 사울이 죽었다는 소식이 전해진다. 그 소식은 이십년 이상 사울에게 쫓겨 망명 생활을 했던 다윗에게는 무엇보다도 좋은 소식일지도 모른다. 또한 사울이 죽었으니 이제 다윗이 왕위에 오를 수 있는 길이 열렸다고, 기뻐하고 즐거워할 수도 있었다.

하지만 다윗이 어떻게 반응하느냐에 따라 사울이 통치했던 여러 지파들의 지지를 얻지 못할 수도 있었고, 또 유다지파와 다른 지파들 사이에 긴 세월 동안 존재해 왔던 균열을 더 벌어지게 만들 수 있는 위험이 있기도 했다. 이스라엘이라는 큰 조개 속으로 사울의 죽음이라는 모래알이 들어온 것이다. 이때 다윗은 어떻게 했을까?

다윗은 오랜 세월 자기에게 큰 고통을 주었던 그 사울을 위해 조가弔歌: 죽음을 슬퍼하는 노래를 지어 부른다. 이른바 '활의 노래'이다. 다윗은 사울과 요나단이 나라를 지키기 위해 용감하게 싸우다가 전사한 이스라엘의 영광이라고 노래한다. 그 노래 속에 사울과 요나단을 잃은 것을 엄청난 손실로 여기고 안타까워하는 애통함을 담아, 두 사람의 용맹함과 사울왕의 생전 치적, 그리고 요나단과 자신의 우정을 높인다. 이 노래를 자신이 먼저 순수하게 슬퍼하며 부르고, 또 온 국민이 부르게 한다. 그 노래 가사가 백성들의 마음에 새겨지도록, 그 노래가 모든 백성들의 입술에서 흘러나오도록 만든 것이다.

이 노래는 사울에게 억울한 일을 당한 이들의 분노를 녹여 버리고, 사울의 죽음을 아쉬워하는 사람들의 상실감도 녹여 버렸다. 그래서 이스라엘 지파들의 갈라진 마음의 균열을 서서히 봉합하고, 지도자를 잃어버린 이스라엘의 상처 입은 민심을 수습하게 되었다. 서로 적대 관계에 있는 양측의 마음에 비무장지대를 만든 것이다. 이것이야말로 진정한 포용의 정치이다. 다윗의 삶 속에 사울의 죽음이라는 모래알이 들어왔을 때, 그는 그 사건을 두고 사울에게 속한 이들과 함께 슬퍼하고 그들을 사랑으로 품었다. 그러자 그 속에서 열두지파의 통합이라는 값진 진주가 생겨났다.

겉으로는 하나라고 해도 마음이 심히 갈라져 있을 때는 작은 말과 행동도 큰 상처와 분열로 이어지기 쉽다. 그때 필요한 것은 상대를 위한 노래를 부르는 것이다. 그의 장점을 칭찬해 주는 노래를, 그의 슬픔에 함께 우는 노래를 진심으로 부르는 것이다. 그들을 위한 중보기도의 노래를 부르는 것이다. 그럴 때 연합이라는 진주가 영글기 시작한다.

우리는 남북으로 오랫동안 갈라져 있다. 지금까지 서로 미움과 증오의 노래만 불러 대고 있다. 이 나라에 들어온 분단의 모래알이 상처만 주고 서로를 피 흘리게 한다. 어떻게 해야 할까? 어떠한 노래를 함께 불러야 할까? 서로가 전쟁을 통해서 받은 상처를 이해하는 노래, 그리고 통일이라는 꿈을 다시 붙드는 노래가 필요하다. 그런 노래를 통해서 마음이 먼저 하나로 녹아들어야 할 것이다. 그런 노래를 부르게 해 주는 다윗과 같은 지도자가 나오면 좋겠다. 모래를 사랑으로 제대로 품으면 결국 아름다운 진주가 되는 법이다.

진주문

사울과 다윗의 이야기는 곧 우리의 이야기가 아닌가? 우리라는 조개 안으로 얼마나 자주 모래알이 불쑥 들어오는가? 사울처럼 자기 안에 들어온 모래알 하나 때문에, 그것을 제대로 품지 못해서 삶이 무너지는 경우도 있지 않은가? 어느 한 사람에 대한 미움이나 떨치지 못하는 잘못된 습관, 사회에 만연한 끈질긴 비교의식이 삶 전체를 서서히 침몰하게 만들 수도 있는 것이다.

그러나 다윗처럼 배신과 오해와 위험의 많은 모래알이 있어도, 그때마다 그것을 기도로, 은혜로 품으면 상황은 달라진다. 비록 아프더라도 사랑으로 품어 인내하면 그것 때문에 영혼에서는 시가 흘러나온다. 그것 때문에 동지애가 더 생기고, 그것 때문에 갈라졌던 감정의 골이 좁아지기 시작할 수 있다.

요한계시록은 거룩한 성 새 예루살렘의 영광스러운 모습을 한 폭의 그림처럼 그린다. 그 성에는 문이 열두 개가 있는데, 다 진주로 되어 있다. "그 열두 문은 열두 진주니 각 문마다 한 개의 진주로 되어 있고 성의 길은 맑은 유리 같은 정금이더라" 요한계시록 21장 21절 왜 천국으로 들어가는 문들이 다 진주로 되어 있는 것일까?

물론 이것은 상징이다. 그 상징에는 이런 뜻이 있으리라는 생각이 든다. 진주는 고통이 낳은 보석이 아닌가? 이 세상을 살면서 다들 인생이라는 조개 안에 들어온 모래알을 품고 산다. 그 모래알 때문에 스스로 파멸되지 않고 오히려 그것을 기도로, 은혜로, 사랑으로 품어 자신의 영혼 속에서 예수님을 닮은 작은 진주를 만든 사람, 그것 때문에 공동체 안에서 섬기는 진주와 같은 귀한 모습을 보인 사람, 그것 때문에 변화된 삶의 모습을 얻은 사람이라야 천국 백성이 될 수 있다고 말하는 것은 아닐까?

정명성 시인의 「진주조개」라는 시가 있다.

> 아프고 고통스러우냐, 그래도
> 뱉아내면 안 된다
>
> 뱉아내면
> 그대로 모래알일 뿐이지만
> 품으면 보석
>
> 살이 찢기느냐
> 피를 흘려라 그러나
> 비명을 지르더라도

입을 벌리지 마라

　　행여
　　목숨이 피 흘리다
　　소생하지 못하고 말더라도
　　뱉아내지 마라

　　그리고 먼 훗날
　　눈물의 임금이 찾아오시면 비로소
　　상처투성이의 입을 열라

　　어여쁜 임금이
　　네 속에서
　　진주를 꺼내시리니

　내 안에 들어온 모래알이 무엇이든, 약속의 하나님을 믿는 기도로 품을 수 없는 것은 없다. 그분의 은혜와 사랑으로 품지 못할 것은 없다. 상처와 고통을 주는 모래알이 무엇이든, 사랑으로 품지 못할 것은 없다. 기도와 은혜와 사랑으로 품은 모래알 중에 진주로 바뀌지 못할 것은 없다. 은혜와 사랑과 감사로 품으면 반드시 상황도 변하고 사람도 변하게 된다.

    그렇게 삶에 들어온 모래들을 믿음으로 품고 살았던 진주조개와 같은 성도들의 내면을 보면, 그 속에 영롱한 진주가 있음을 보게 될 것이다. 천국은 그런 사람들이 사는 곳이고, 그들이 발하는 진주의 빛깔로 더욱 아름다운 곳이 될 것이다.

자기를 넘어서야 역사를 만들 수 있다
(사무엘하 3장 26~39절)

문제는 항상 있다

어려운 일이 하나 마무리되고 나면 문제가 다 해결된 것 같지만, 그 다음에는 그 단계에서 풀어야 할 새로운 문제가 나타나는 법이다. 고등학생은 대학 입시만 통과하면 모든 일이 잘 풀릴 것 같지만, 대학에 입학하고 나면 또 다른 문제가 기다리고 있다. 졸업하고 직장을 얻어 결혼만 하면 문제가 다 풀릴 것 같지만, 그때에 또 다른 문제를 만나게 된다. 삶의 모든 과정마다 풀어 가야 하고 감당해야 할 문제가 있다. 그래서 매 순간마다 문제들을 해결하는 지혜가 필요하다.

다윗은 사울을 피해서 블레셋 땅인 시글락으로 정치적 망명을 가 있었는데, 그 사이 사울이 블레셋과의 전쟁에서 전사한다. 이런 사울의 죽음은 다윗 개인만이 아니라 이스라엘 전체에 큰 변화를 가져온다. 다윗을 괴롭히던 큰 문제 하나가 풀렸지만, 이 문제가 사라진 새로운 상황이 또 다른 새로운 문제를 만든 것이다. 그는 차기 왕으로 세워져야 했지만, 그 일은 단순하지 않았다. 그는 이제 이스라엘 공동체의 연합을 유지하며 백성들의 마음을 치유하는 일을 해야 했다. 사울로부터 도피하는 상황 속에서도 적절히 행동해야 했지만, 사울이 죽은 이후의 상황에도 그는 조심스러움을 유지해야 했다.

드디어 유다의 왕

사울이 죽고 나자 다윗은 시글락이라는 블레셋 땅에서 보낸 일 년여의 망명 생활을 끝내고 드디어 고국 땅을 밟게 된다. 그는 유다지파의 본거지인 헤브론으로 옮겨 가게 되는데, 여기서 유다 장로들이 그를 맞아 유다지파의 왕으로 세운다. 사실 다윗은 이미 사무엘에게 기름 부음을 받았는데, 그때 나이가 대략 십오 세 내지는 십칠 세였다. 이후 사울에게 쫓겨 다니며 세월이 흘러 삼십 세가 되어서야 다윗은 유다지파로부터 기름 부음을 받아 공식적인 유다지파의 왕이 된다. 이때까지만 해도 다윗은 이스라엘 전체가 아니라, 열한 지파를 제외한 유다지파만의 왕이었다.

그렇게 유다지파의 왕으로 칠 년 육 개월을 보낸 다윗은 사울 왕조가 완전히 무너지면서 결국 통일왕국의 왕으로 기름 부음을 받게 되는데, 그때의 나이가 서른여덟이었다. "다윗이 나이가 삼십 세에 왕위에 올라 사십 년 동안 다스렸으되 헤브론에서 칠 년 육 개월 동안 유다를 다스렸고 예루살렘에서 삼십삼 년 동안 온 이스라엘과 유다를 다스렸더라"사무엘하 5장 4, 5절 사울이 이미 죽었으므로 다윗이 좀 더 빨리 통일왕국의 왕이 될 수 있었을 듯한데, 무려 칠 년 육 개월이 지난 후에야 비로소 그 자리에 올랐다.

무엇 때문에 그렇게 긴 기간이 지나야 했을까? 역사의 흐름은 결국 유다지파와 나머지 열한 지파가 하나로 통합되어 다윗왕을 옹립하는 것이었는데, 무엇이 이런 역사의 큰 흐름을 방해했던 것일까? 당시의 이런 역사를 둘러싼 상황을 알면, 오늘 우리에게 주는 중요한 의미와 교훈을 얻을 수 있다.

역사의 흐름을 막는 것

다윗이 사울 사후에 금방 통일왕국의 왕이 되지 못한 이유로는 먼저 이스라엘 공동체 내의 구조적 상황이 있었다. 히브리 민족은 열두지파로 구성되어 있었다. 그런데 각 지파마다 강한 독자적 정체성이 있었고, 그 독자성이 '히브리인'이라는 전체적 정체성보다 더 우선적이었다. 그래서 외부의 침략이 있을 때는 지파의 차이를 접어 두고 한 백성으로 단결했지만, 사태가 진정된 뒤에는 곧 각 지파의 정체성으로 돌아가고는 했다. 특히 유달리 개별적 정체성이 강했던 남쪽의 커다란 지파인 유다가 북쪽에 위치한 나머지 열한 지파를 두고 독자적으로 움직이는 경우가 많았다.

사울이 왕으로 있을 때는 블레셋의 강력한 위협이 있었기에 열두지파가 하나의 연맹으로 단단히 모였다. 하지만 다윗이 사울에게 추방당하자, 다윗이 속한 유다지파는 연맹에서 탈퇴하지는 않았더라도 사울왕을 거슬러 계속 다윗에게 호의적인 태도를 유지한다. 그러다가 사울과 요나단이 죽자 유다지파는 즉시 다윗을 왕으로 추대하고, 그러자 나머지 다른 지파들은 사울의 후계자인 나이 마흔의 이스보셋을 그들의 왕으로 세우게 되었다. 이렇게 유다지파와 다른 지파들 간에는 보이지 않는 장벽이 있었던 것이다.

역사의 대세를 거스르는 사람들

통일왕국이 금방 이루어지지 않은 것은 이런 상황 때문이기도 했지만, 그보다 더 큰 요인은 역사의 대세를 거스르는 사람들 때문이었다. 역사가 과도기를 만나면 백성들은 언제나 새로운 지도자를 통해 새로운 시대가 열리기를 기대하게 된다. 하지만 그 혼란기를 틈타 자신의 정치적 야망을 이루려는 정치꾼들이 일어나서 역사의 도도한 흐름을 가로막기도 한다.

우리나라에서는 박정희 대통령의 서거 이후 국민들에게서 민주화에 대한 기대가 폭발적으로 분출된 때가 있었다. 그런데 이런 과도기의 혼란을 틈타 신군부 세력이 일어나게 되었고, 그런 이들로 말미암아 역사의 진전이 지연되었다. 그 과정에서 국민들은 엄청난 상처와 고통을 받게 되었고, 우리는 근대사의 한 시기를 낭비하고 말았다.

이와 비슷한 상황이 사울 사후에도 일어난 것이다. 사울의 정치에 지친 백성들은 새로운 지도자를 원했고, 하나님께서는 다윗을 그 대안으로 삼으셨다. 하지만 그때에도 사울 사후의 혼란기를 이용해서 개인적인 이익을 챙기려다가 역사의 방향을 왜곡하는 사람들이 있었던 것이다. 그랬던 사람들 중 중요한 인물이 세 사람이 있었는데, 곧 아사헬, 아브넬, 그리고 요압이다.

무모한 열정

사울이 죽자 다윗은 유다의 왕이 되었고, 북쪽 지파들에서는 사울의 아들 이스보셋이 왕이 된다. 북쪽 지파들의 실권자는 사울의 군사령관이었던 아브넬이었는데, 그는 자주 유다 왕국을 치기 위해서 남진해 오고는 했다. 한 번은 전면전을 벌이지 않고 젊은 병사 열두 명을 대표로 세워 싸우게 했다. 그 싸움에서 대표 병사들이 용호상박龍虎相搏하며 혈투를 벌이다가 결국 다 죽고 만다. 축구 경기를 보다가도 양쪽 응원단이 지나치게 흥분하여 때로 유혈 사태가 일어나는 판에, 이런 혈투 장면을 본 양쪽 군사들이 얼마나 적의에 불타게 되었겠는가? 결국 열두 명의 대표 병사만이 아니라 양 군대 모두가 맹렬한 교전을 벌이게 되었다.

이때 점점 아브넬의 군사가 밀려 퇴각하게 되자, 유다의 장군인 아사헬이 퇴각하는 아브넬을 추격한다. 그는 곧 아군과 멀리 떨어진 채 적진 깊숙이 들어가게 되었다. 아사헬은 유다 군사령관인 요압의 동생이었으므로, 노련한 장수 아브넬은 아사헬이 죽게 되면 양 진영의 관계가 더 어려워질 것으로 보고 돌아가라고 그를 설득한다. 하지만 적장을 죽이는 명예를 얻겠다는 공명심과 혈기로 똘똘 뭉친 아사헬은 그를 향하여 맹렬하게 덤벼들다가 그만 아브넬의 창에 찔려 죽고 만다.

그 결과 아사헬의 형인 요압은 아브넬에 대한 개인적 복수심을 품게 되었고, 유다와 이스라엘은 많은 희생을 치르고도 감정의 골이 더 깊어지게 되었다. 아사헬은 자기 나름의 열심으로 적진으로 뛰어들었다. 하지만 자신의 공명심과 혈기라는 한계를 넘어서지 못함으로써, 오히려 양국 간의 문제를 더 꼬이게 만들고 만 것이다.

역사를 망치는 사람

아사헬이 죽는 교전이 끝난 후 아브넬은 이스라엘로 돌아갔다. 그리고 그는 나중에 압살롬이 다윗의 후궁에게 한 것처럼 사울의 후궁들을 취한다. 이스라엘의 진짜 권력자가 이스보셋이 아니라 자신임을, 그리고 자신이 나중에 왕위를 차지할 수도 있는 자임을 사람들에게 드러낸 것이다.

그런데 그렇게 은근히 이스라엘의 왕위를 노리고 있었던 아브넬은, 이렇게 교전이 계속될수록 점차 유다지파 진영은 강해지고 북쪽 지파들 진영은 약해져 가는 것을 보게 되었다. 게다가 민심도 자기가 아니라 유다지파의 다윗에게로 기울어지는 것을 느끼게 되었다. 이런 상황을 동물적인 정치 감각으로 간파한 아브넬은 자기가 이스보셋을 밀어내고 이스라엘에서 권력을 잡는 것보다, 다윗과 손을 잡고 통일왕국의 이인자 역할을 하는 것이 더 낫겠다고 판단한다.

그래서 그는 다윗에게 특사를 보내어 왕위 양도 협상을 벌이게 된다. 자기와 더불어 언약을 맺으면 자신이 온 이스라엘이 다윗에게 돌아가도록 하겠다고 언질한 것이다. "아브넬이 자기를 대신하여 전령들을 다윗에게 보내어 이르되 이 땅이 누구의 것이니이까 또 이르되 당신은 나와 더불어 언약을 맺사이다 내 손이 당신을 도와 온 이스라엘이 당신에게 돌아가게 하리이다 하니" 사무엘하 3장 12절

이어서 그는 이스라엘 장로들을 모아, 이제는 이스보셋이 아

니라 다윗을 따라야 한다고 회유하기 시작한다. "너희가 여러 번 다윗을 너희의 임금으로 세우기를 구하였으니 이제 그대로 하라"사무엘하 3장 17, 18절 그리고는 자신이 다윗을 도와 통일을 이룰 의사가 있다는 것을 밝힌다. "아브넬이 다윗에게 말하되 내가 일어나 가서 온 이스라엘 무리를 내 주 왕의 앞에 모아 더불어 언약을 맺게 하고 마음에 원하시는 대로 모든 것을 다스리시게 하리이다 하니"사무엘하 3장 21절

그는 백성이나 나라의 미래를 밝힐 방법이 아니라 자기 권력을 유지할 수 있는 방법을 찾아서 영악하게 움직이는 철저한 이해타산가요, 기회주의자로서 행동한다. 만약 그가 진작부터 백성을 생각하고 하나님의 뜻을 알아 바르게 움직였다면, 애초에 유다를 향한 전쟁을 일으키지 않았을 것이다. 그리고 유다와 이스라엘 사이의 감정의 벽이 그렇게 높아지지는 않았을 것이다. 당연히 통일왕국의 수립은 훨씬 앞당겨졌을 것이다. 하지만 막강한 권력을 쥔 그가 사적인 이익을 따라서 교활하게 움직임으로써 통일의 역사를 매우 지연시킨 것이다.

사적인 복수로 공적 일을 그르치다

드디어 아브넬이 직접 다윗이 머무는 헤브론을 방문하여 통일을 위한 대협상을 진행한다. 아사헬의 형인 요압 장군은 그 사

이 출정했다가, 아브넬이 이 협상을 마치고 헤브론을 떠나고 난 후에야 돌아와 이 사실을 알게 된다. 요압은 다윗을 찾아가 아브넬을 그냥 돌려보낸 것에 심한 불쾌감을 드러내면서 항의한다. 겉으로는 정치적 상황 판단이 적절치 못했다는 이유를 내세웠지만, 사실은 자기 동생 아사헬을 죽인 아브넬에 대한 사적인 증오심이 진짜 이유였다.

그래서 요압은 회동을 마치고 돌아가던 아브넬에게 급히 전령을 보내어 다시 헤브론으로 돌아오게 하고, 이어서 개인적으로 할 말이 있다는 듯이 성문 안으로 이끈 다음 그를 찔러 죽이고 만다. 회담을 하러 온 외교단장을 살해한 것이니, 이 사건이 미칠 정치적 파장이 어떠할 것인지 충분히 짐작할 수 있다. 그것을 모를 요압이 아니었지만, 그는 그런 것을 가장 중요하게 생각할 정도의 인물이 아니었다. 공적인 대의가 아니라 자기 동생의 원수에 대한 사적인 복수심, 그리고 통일왕국의 이인자 자리를 넘겨줄 수 없다는 권력욕으로 아브넬을 죽인 것이다.

요압은 다윗 군대의 사령관으로서 많은 공을 세웠다. 그러나 그가 얼마나 자기중심적이고 오만했던지, 나중에 다윗은 숨을 거두기 전에 솔로몬에게 다음과 같이 유언했다. "내가 기름 부음을 받은 왕이 되었으나 오늘 약하여서 스루야의 아들인 이 사람들을 제어하기가 너무 어려우니 여호와는 악행한 자에게 그 악한 대로 갚으실지로다"사무엘하 3장 39절 그는 다윗에게 가시 같은 존재였다.

실로 아브넬의 죽음은 매우 큰 정치적 파장을 불러왔다. 북쪽 열한 지파 백성들은 다윗이 아브넬을 죽였다고 생각하고, 다윗에게로 기울고 있던 마음을 돌이키고 만다. 통일의 목전에서 일이 완전히 그르칠 지경에 이르게 된 것이다.

이에 다윗은 왕으로서 친히 음식을 전폐하며 애통해 하는 모습을 보인다. 아브넬을 위하여 조가를 지어 부르고, 그의 장례를 국장급으로 치르게 한다. 북쪽 열한 지파는 다윗의 이런 진심 어린 애도와 금식을 보고서야 비로소 다윗이 아브넬을 죽인 것이 아님을 믿게 되었고, 얼음같이 굳어진 마음을 풀기 시작한다.

요압은 상황을 넓은 시야로 보지 못했고, 사적인 권력욕과 복수심을 넘어서지 못했다. 자기 관점에만 몰입하고 있는 요압은 그 상황을 주군인 다윗이 어떻게 생각하는지는 고려하지도 않았고, 자기 생각을 주저 없이 행동으로 옮긴 것이다. 설령 유다지파와 북쪽 지파들의 통일이라는 대의에 동의하더라도 자기 방식이 아니면 반대하고, 자기에게 불이익이 온다면 거부하고 심지어 방해하기까지 한다.

역사에는 이런 속 좁은 사람들이 적지 않다. 우리나라의 통일은 왜 이렇게 지연이 되며, 왜 이리 오랜 세월을 대결 상황 속에 있게 되는 것일까? 요압과 같은 사람들 때문은 아닌지 생각해 보게 된다. 복수심을 넘지 못하는 사람, 통일 이후에 자기의 특권적인 자리가 위협받기를 원치 않는 요압과 같은 사람들이 통일을 지연시키고 있는 것은 아닐까.

이 땅에 수많은 교회가 있으나 하나님 나라가 잘 보이지 않는 것도 요압과 같은 이들 때문이다. 하나님 나라가 이 땅에서 이루어지는 것에는 아무 관심도 없는 개교회주의나 분리주의가 만연하다. 이것은 정확히 요압과 같이 행동하는 것이다.

자기 안에 갇힌 사람들

사울의 죽음 이후 다윗은 헤브론에서 칠 년 반의 세월을 보냈다. 한겨레인 유다지파와 북쪽 지파들이 통일이 되는 것이 하나님의 뜻이며 역사의 흐름인데도, 왜 이것이 금방 이루어지지 않고 긴 세월이 다시 흘러야 했을까? 살펴본 대로 각 지파들의 독립적인 성향이라는 구조적 문제도 있었지만, 아사헬과 아브넬, 요압과 같은 사람들 때문이기도 했다. 배신자들과 권모술수가들 때문에 그 통합의 때가 멀어진 것이다. 공명심에 물불을 가리지 않고 달려드는 아사헬, 국가의 혼란을 사적인 이득 수단으로 이용하려 했던 아브넬, 자신의 지위를 이용해 개인적인 원한을 갚으려고 했던 요압 같은 사람들 때문에 불필요했던 시기가 길어

졌다.

    그들은 민족의 번영과 통일이라는 큰 전망을 생각하지 못했고, 하나님의 뜻과 마음에도 아무런 관심이 없었다. 다윗이라는 존재가 자신들의 이익에 얼마나 도움이 되는지에만 관심이 있었지, 다윗을 통해서 이루실 하나님 나라에 관해서는 관심이 없었던 것이다. 그들은 역사를 자기의 명성과 야망을 위한 무대로 여길 뿐이었다.

    우리나라에서도 국가적으로 중요한 사안들에 관하여 국민의 여론이 다양하게 나타날 때가 종종 있다. 그때 많은 정치인들이 그 사안에 대한 결정 과정에 참여하면서, 나라의 전망이나 미래를 고려하기보다는 오로지 지위를 유지하기 위해 유권자들의 표심만 의식하는 경향이 결코 없지 않았다. 이 결정이 결과적으로 온 나라의 유익이 되기를 바라면서도, 나라의 미래를 결정하는 큰일들이 정치가들의 정치적 야망과 이득을 위한 도구로 전락하는 것이 우리 사회의 현실이다. 이런 일이 우리 삶에도 얼마나 많이 일어나는가?

가시나무

    「가시나무」라는 노래가 있다. 이 노래의 가사는 다음과 같다.

내 속엔 내가 너무도 많아
당신의 쉴 곳 없네
내 속에 헛된 바램들로
당신의 편할 곳 없네
내 속엔 내가 어쩔 수 없는 어둠
당신의 쉴 자리를 뺏고
내 속엔 내가 이길 수 없는 슬픔
무성한 가시나무 숲 같네

바람만 불면 그 메마른 가지
서로 부대끼며 울어대고
쉴 곳을 찾아 지쳐 날아온
어린 새들도 가사에 찔려 날아가고
바람만 불면 외롭고 또 괴로워
슬픈 노래를 부르던 날이 많았는데

내 속엔 내가 너무도 많아
당신의 쉴 곳 없네

이 노래 가사처럼, 우리 속은 얼마나 우리의 생각들로 가득

차 있는가? 얼마나 자기 생각을 넘어서지 못하고 있는가? 자기 생각, 자기 감정으로 꽉 차 있어서 남의 생각이 들어갈 자리도, 남의 감정을 이해할 공간도 없지 않는가? 그러면서 결국 서로가 서로에게 가시가 되는 것이다.

자기를 넘어서지 못함으로써 중요한 일이 지연되고 하나님 나라가 방해를 받는 일이 얼마나 많은지 모른다. 자기 생각을 넘어서려면 남의 생각을 잘 들어야 하고, 자기 감정을 넘어서려면 남의 감정을 배려해야 한다. 분명 어려운 일이다. 살면서 가장 힘든 것은 문제 상황을 넘어서는 것이 아니라, 바로 자기 자신을 넘어서는 것이 아닐까? 신앙을 갖고 산다는 것은 자기의 생각과 감정을 넘어서는 연습을 하는 것, 내 생각을 넘어 하나님의 생각을 갖도록 노력하는 것이다.

삶의 현실주의

성경은 종종 너무나 인간적인 사람들의 이야기를 담고 있다. 그런 본문을 읽다 보면 성경이 굳이 이런 내용까지 기록할 필요가 있었는가 싶기도 하다. 기록해야 할 좋은 말도, 좋은 이야기도 많은데, 왜 이런 인간적인 냄새가 나는 이야기들을 기록했을까 싶다. 그러나 사실 성경에 이런 이야기가 있기에 우리는 우리가 사는 삶을 있는 그대로 보게 된다. 성경은 삶을 현실주의 시각으로 보게 함으로써 성경의 이야기가 오늘 우리 현실의 이야기가 되게 한다.

아사헬과 아브넬과 요압의 오래된 이야기는 오늘날에도 일어나고 있다. 충동적으로 행동해서 일을 그르치는 아사헬 같은 사람, 친절하게 접근하지만 사실은 그 뒤에 의도를 숨기고 있는 아브넬 같은 사람, 내 편이라고 생각했는데 뒤에서는 딴 생각을 품고 다르게 행동하는 요압 같은 사람이 있다. 현대판 아사헬, 아브넬, 요압들이 우리들 곁에 있고, 또 우리 속에도 그런 모습이 있다. 그래서 우리는 다윗의 경우처럼, 다 된 일이 엉망이 되고 본의 아니게 오해를 뒤집어쓰기도 한다. 그들이 만든 문제를 풀기 위해서 엄청난 힘을 소진하고, 칠 년 육 개월이라는 세월을 공연히 보내기도 하는 것이다.

하나님께서 계속 일하고 계시다

이런 사람들을 만날 때 우리는 어떻게 해야 하는가? 역사와 내 삶의 이야기를 만드는 것이 그들만이라고 생각하지 말아야 한다. 비록 그런 사람들이 상황을 복잡하고 어렵게 만들고, 폭력과 속임수와 조작으로 역사를 가로막기도 하나, 이런 세계 속에서도 하나님께서 일하고 계신다는 것을 기억해야 한다. 아사헬과 아브넬과 요압이 일을 복잡하게 만들기는 했지만, 결국 통일왕국은 오고 다윗이 왕이 되었다는 것을 잊지 말자. 때로 우리를 힘들게 하는 사람들 때문에 잠을 설치기도 하고, 비록 삶의 어둠이 깊어져 간다고 해도, 마침내 하나님께서 만드신 새벽은 오고야 만다는 믿음을 가지자.

그리고 내가 해야 할 일을 묵묵히 감당하자. 내 생각대로 안 된다고 안달하지 말고, 내가 생각하지 못한 다른 더 좋은 방식도 있음을 기억하자. 내 고정관념의 포로가 되지 않도록 기도 속에서 순화하자. 아브넬이 의도를 숨긴 채 찾아왔을 때에도 다윗은 진실한 마음으로 언약을 맺었듯이, 요압이 자기 입지를 확보하기 위해 인위적으로 일을 조작할 때에도 다윗은 그저 바른 길을 따라 행했듯이, 주어진 자리에서 하나님의 방식대로 최선을 다하면서 하나님의 때를 기다리자.

세상은 우리 생각대로 되지 않을 때가 더 많다. 여전히 인간적인 어리석음과 나의 약함 때문에 이야기가 더 복잡하게 전개되기도 할 것이다. 삶이 더 뒤죽박죽으로 되는 것 같을 때도 있을 것이다. 사람들 때문에, 나 때문에, 시간이 지연되기도 할 것이다. 그래도 하나님의 뜻은 마침내 이루어지고 약속은 성취된다. 그것을 믿고 사는 것이 신앙이다. 신앙은 하나님께서 내 생각, 내 방식보다 더 좋은 길을 열어 주실 것을 믿는 것이다. 내 생각과 방식과 감정에 묶이지 말고, 기도하는 가운데, 말씀으로 말미암아 그것을 넘어서는 연습을 하자. 그러면 모든 것이 합력하여 마침내 우리를 향한 하나님의 선이 이루어질 것이다.

🐑 가장 중요한 것을 놓치지 말라
(사무엘하 7장 1~29절)

/

겨울나무

겨울이면 나무가 여름철에 활발하게 하던 활동을 다 그만두고 그냥 조용히 서 있다. 잎을 다 떨구어 내고 생명의 불을 속으로만 조금씩 태우면서 추위를 이겨 낸다. 나무는 이렇게 최소한의 활동만 하면서 '살아 있기'라는 한 가지 일, 생존 자체에만 집중하면서 봄을 기다린다.

다윗의 생애는 매우 다채롭고 또 화려하기도 하다. 그는 많은 일에 도전했고 이루어 냈다. 그런 그의 삶에는 풍성한 여름과 같은 때도 있었지만, 아무것도 하지 않고 가만히 있었던 겨울과 같은 때도 있었다. 그런데 역설적이게도 여름과 같은 그의 화려한 시절보다, 한 그루의 겨울나무처럼 오직 한 가지만 붙잡는 그런 겨울의 시절이 그에게 더 소중하고 중요한 순간이 되었다.

그것은 그때에야 가장 중요한 본질을 붙잡을 수 있었기 때문이었다. 그랬기 때문에 다윗에게 진정한 돋이 왔다. 이런 다윗의 이야기는 여름과 같이 울창한 때를 추구하며 분주히 살아가는 우리들에게 중요한 교훈을 준다.

예루살렘 정복

다윗은 이름 없는 목동에서 통일 이스라엘의 왕이 된 사람이다. 대략 십오 세에 사무엘로부터 기름 부음을 받았고, 이후 골리앗이라는 거인 장수를 무찌르며 일약 영웅이 되었다. 하지만 그 때문에 도리어 사울에게 쫓겨나 고난의 세월을 보내고, 그렇게 십오 년의 세월이 흘러 서른 살이 되어 남쪽 유다지파의 왕이 된다. 그리고 다시 칠 년 육 개월을 보낸 다음에 마침내 유다지파와 북쪽 열한 지파들을 통일한 이스라엘 왕국의 왕이 되었는데, 그때 나이가 서른일곱 살이었다.

통일왕국의 왕이 된 그는 북쪽 지파들과 남쪽의 유다지파 모두를 잘 통치할 수 있는 지점에 위치한 도시를 나라의 수도로 삼고자 했다. 마침내 다윗은 당시 여부스 족의 요새 성읍이었던 시온산성을 점령하고 그 지역을 수도로 정한다. 이스라엘과 유다의 경계에 위치해 있으면서 어느 쪽에도 속하지 않은 이 최적의 장소가 바로 예루살렘이었다.

언약궤를 옮겨 온 의미

수도를 예루살렘으로 정한 다윗이 가장 먼저 한 일이 있다. 그것은 아비나답의 집에 오랫동안 안치되어 있던 언약궤를 예루살렘으로 옮겨 오는 것이었다. 언약궤 속에는 두 개의 십계명 돌판, 만나, 그리고 아론의 싹 난 지팡이가 담겨 있었다. 언약궤 안에 들어 있는 십계명 돌판들은 하나님께서 계명을 주시고 그것으로 다스리심을, 만나는 하나님께서 우리에게 필요한 것을 공급해 주심을, 아론의 지팡이는 하나님께서 우리를 구원하시고 인도해 주심을 의미했다. 이 세 가지는 인간의 삶을 구성하는 관계들로서, 각각 하나님과의 관계인 종교, 물질과의 관계인 경제, 인간 사이의 관계인 정치를 의미한다고 할 수 있다.

우리가 주일을 지키는 것도 시간과 생명의 주인이 하나님이심을 드러내는 것이고, 십일조를 드리는 것도 물질의 주인이 하나님이심을 고백하는 것이다. 다윗이 언약궤를 모셔 온 것은 마찬가지로 하나님을 주인으로 고백하는 것과 같은 맥락에 있다. 이것은 다윗이 나라의 정치, 경제, 문화의 모든 영역에서 하나님께서 왕이시라고 선포하는 상징적 행동이었다. 다윗은 자신이 주변국들의 왕들처럼 절대권력을 행사하지 않고 하나님의 다스림 아래 자기의 왕권을 복종시키겠다는 의지를 드러낸 것이다.

'서서' 성전을 짓고 싶습니다

다윗은 유다 왕이 되었고 블레셋을 평정하였으며, 통일왕국을 이루어 냈다. 예루살렘에 수도를 세웠고, 언약궤를 모셔 왔다. 지금까지 그는 참 크고 중요한 일들을 누구보다 많이 이루었다. 그래서 이 일들에 대해 백성들이 칭송을 보냈다.

그런데 다윗은 만족하지 않고 또 하나의 중요한 일을 하려고 한다. 이 일은 지금까지 그가 했던 것들 중에서 가장 중요한 일이 될 수도 있다. 그 일은 지금까지 다윗이 했던 일들에 면류관을 씌우는, 영광의 꽃을 피우는 일이 될 것이다. 이 일은 이십여 년의 시련과 불안정하고 위험했던 세월을 지나 통일왕국의 왕이 되기까지 자기를 지키시고 이끌어 주신 하나님께 드려야 할 마땅한 것이기도 했다. 그것은 바로 성전 건축이었다.

바로 그 일을 두고 다윗은 자신의 영적 멘토인 나단 선지자에게 가서 이렇게 말했다. "나는 백향목 왕궁에 사는데, 하나님의 궤는 아직도 휘장 안에 있습니다." 사무엘하 7장 2절, 새번역 자신은 잘 지어진 궁에 살지만 하나님의 궤는 천막 속에 있으니, 하나님의 언약궤를 모실 아름다운 성전을 지을 계획이라는 말이다.

이 말을 들은 나단은 듣자마자 찬성했다. 이 일을 하나님께서 기뻐하실 것이 분명하다고 생각했기 때문이다. "주님께서 임금님과 함께 계시니, 가서서, 무슨 일이든지 계획하신 대로 하십시오."^{사무엘하 7장 3절, 새번역} 어떤 성도가 하나님께 감사드리는 마음으로 헌금을 하겠다고 찾아온다면 뭐라고 하겠는가? 하나님께 여쭈어 볼 필요도 없이 분명 하나님께서 그것을 기뻐하실 것이라고 말하지 않겠는가? 그렇듯 나단도 다윗이 성전을 건축하려는 것은 여쭈어 볼 것도 없이 하나님께서 기뻐하실 일이라고 그 자리에서 말했던 것이다.

성전 건축을 허락하지 않으시다

다윗의 마음과 계획을 들은 날 밤, 나단은 흐뭇한 심정으로 잠자리에 들었을 것이다. 그런데 하나님께서 그에게 나타나셔서 다윗에게 이 말씀을 전하라고 하신다. "너는 내 종 다윗에게 가서 전하여라. 나 주가 말한다. 내가 살 집을 네가 지으려고 하느냐?"^{사무엘하 7장 5절, 새번역} 하나님께 성전을 지어 드린다는 생각을 하지 말라고 다윗에게 전하라는 말씀이다.

이어 하나님께서 이렇게 말씀하신다. "너는, 이스라엘 자손을 이집트에서 데리고 올라온 날로부터 오늘에 이르기까지, 어떤 집에서도 살지 않고, 오직 장막이나 성막에 있으면서, 옮겨 다니며 지냈다. 내가 이스라엘 온 자손과 함께 옮겨 다닌 모든 곳에서, 내가 나의 백성 이스라엘을 돌보라고 명한 이스라엘 그 어느 지파에게라도, 나에게 백향목 집을 지어 주지 않은 것을 두고 말한 적이 있느냐?"사무엘하 7장 6, 7절, 새번역 하나님께서는 이스라엘의 지도자들에게 텐트로 된 성막을 백향목과 돌과 금으로 된 성전으로 바꾸라고 하신 적이 없었다는 것이다.

그리고 매우 중요한 말씀을 이어서 하신다. "이제 내 종 다윗에게 이와 같이 말하라 …… 여호와가 또 네게 이르노니 여호와가 너를 위하여 집을 짓고 …… 내가 네 몸에서 날 네 씨를 네 뒤에 세워 그의 나라를 견고하게 하리라 그는 내 이름을 위하여 집을 건축할 것이요 나는 그의 나라 왕위를 영원히 견고하게 하리라"사무엘하 7장 8절, 11~13절. 다윗이 하나님을 위해서 성전을 짓겠다고 했지만, 하나님께서는 도리어 당신께서 다윗을 위해 집을 지어 주겠다고 하시는 것이다. 이 말씀은 하나님께서는 특별히 다윗의 씨, 곧 다윗의 후손 중에서 하나님의 아들과 같은 존재가 나게 하여 다윗의 왕조가 영원하게 되도록 하시겠다는 말씀으로 이어진다. 이것이 성경에 나오는 그 유명한 '다윗 언약'이다.

이스라엘 백성들은 이 언약에 근거하여 메시아가 다윗의 자손으로 올 것이라고 믿었다. 그래서 예수님을 메시아로 믿었던 사람들은 예수님을 다윗의 자손이라고 부르기도 했고, 마태복음 1장은 예수님을 아브라함과 다윗의 후손이라고 기록한다. 예수님께서는 하나님께서 약속하신 대로 다윗의 후손으로서 영원한 나라를 이루기 위해서 오신 것이다. 이 언약은 아담의 원시 언약,

노아의 무지개 언약, 아브라함의 후손과 땅이 대한 언약, 모세의 시내산 언약과 함께, 구약에 나타난 핵심적 언약 중 하나이다.

주격 하나님

이 말씀을 들은 다음 날, 나단이 다윗을 찾아간다. 그리고 그가 들은 하나님의 말씀을 전한다. 나단 선지자가 전한 말씀의 핵심은 '하나님께서 하신다'는 것이다. 즉, 다윗이 주체로서 하나님을 대상으로 일하는 것이 아니라, 하나님께서 주체가 되시어 다윗에게 집을 지어 주신다는 것이다.

사실 다윗에게는 성전 건축이 특별한 의미가 있는 일이었다. 지금까지 다윗이 열심히 해 온 일들도 다 필요하고 중요한 일들이었다. 하지만 지금 그가 왕으로서 하려고 하는 이 성전 건축은 더욱 특별한 의미가 있다. 성전 건축은 다윗의 왕조가 하나님께 인정을 받았다는 명분을 얻게 해줌으로써 그의 왕위를 더 굳건히 하는 일이었다. 그리고 한편으로 그가 하나님께 은혜를 받기만 하지 않고 갚기도 한다는 의미도 된다. 게다가 그는 성전을 지을 능력이 되고, 준비도 다 되어 있었다. 또 성전 건축은 그 자체로 선하고 영광스러운 일이라는 뚜렷한 명분도 있다.

생각해 보자. 명분이 있고 또 그것을 할 수 있는 능력도 있으며, 그 결과로 파생될 좋은 결과들을 예상할 수 있다. 이런 상황에서 그 계획을 중단한다는 것은 결코 쉬운 일이 아닐 것이다.

'서는 것'과 '앉는 것'

이 상황에서 다윗은 어떻게 했을까? 좋은 일이고 할 수 있으니 그대로 하는 것이 맞다고 판단하고 성전 건축을 강행했을까? 사실 충분히 그럴 수 있었다. 하지만 그는 그렇게 하지 않았다. "다윗왕이 여호와 앞에 들어가 앉아서" 사무엘하 7장 18절 다윗은 여호와 하나님께 나아가 그분 앞에 앉았다. 여기서 그의 행동을 '앉다'라는 단순한 표현으로 기록하고 있지만, 이러한 그의 행동이 어떤 의미를 담고 있는지, 그리고 다윗이 이 행동 하나에 얼마나 많은 생각을 담았을지를 상상할 필요가 있다.

그는 '서서' 더 열심히 일할 준비가 다 되어 있었다. 그는 성전을 지을 수 있는 능력이 충분히 있고, 모든 것이 준비되어 있으며, 또 성전을 지을 명분도 분명하다. 게다가 그가 성전을 짓는 것은 지금까지 그려 온 삶이라는 그림에 마지막으로 화룡점정을 하는 것과 같다. 그런데 나단의 말을 듣고는 그가 '성전에 들어가 앉았다.' 이렇게 그가 '앉았다'는 것은 기도실로 들어갔다는 의미가 아니다. 일생의 계획과 뜻을 내려놓았다는 것이다.

지금의 다윗에게는 서서 일하는 것보다 앉는 것, 할 수 있는데 멈추는 것이 더 힘든 일이다. 지성적으로도 하나님께서 왜 그렇게 하시는지 이해하기 어렵고, 자신의 삶에서 가장 중요한 업적을 포기해야 하는 아쉬움도 있다. 정치적으로 볼 때는 이것이 참 어리석은 행동일 수도 있다. 자기 치적을 생각하는 왕이라면 결코 이렇게 하지 않았을 것이다. 지금까지 준비해 온 수고를 헛것으로 만드는 일이 되기 때문이다.

그런데 유진 피터슨은 다윗의 이 행동을 이렇게 묘사한다. "이것은 다윗이 행한 것 중 가장 중대한 행동이다. …… 이 행동은 골리앗을 죽인 행동보다, 사울이 하나님의 기름 부음을 받았기에 죽일 수 있던 그를 죽이지 않은 행동보다, 또 언약궤를 예루살렘에 가져온 행동보다 더 중요한 행동이다."[*] 하나님 앞에 앉아서 자기의 소중한 계획을 포기한 것이, 그가 평생을 붙들어야 할 많은 소중한 것을 붙드는 행동보다 더 중요한 행동이었다는 것이다.

이 이야기가 어떻게 들리는가? 도대체 어떤 점에서 다윗의 '앉는 행동', 다윗의 '포기하고 내려놓는 결단'이 다윗이 평생 서서 힘써 행한 여러 행동들보다, 평생 목숨을 걸고 전쟁에서 이겨 온 일들보다, 헌신하여 세운 여러 업적들보다 더 중요한 행동이 되는 것일까? 아무것도 하지 않는 행동, 조용히 앉는 이 행동이, 서서 무엇을 행하는 많은 행동들보다 더 중대한 의미가 있다고

---

[*] 유진 피터슨 지음, 앞의 책, 255쪽.

하는 이유는 무엇일까?

가장 중요한 행동

우리는 살면서 해야 할 여러 가지 중요한 일들을 하며 살아간다. 그리고 그 일들이 참 중요하다고 여기며 이력서에도 기록한다. 학력을 기록하고, 경력을 기록하며, 업적과 직함들을 기록한다. 그 일들이 나의 가치를 드러낸다고 여기기 때문이다. 다윗은 골리앗을 이겼고, 블레셋을 물리쳤으며, 통일왕국을 이루었고, 수도를 예루살렘으로 정했고, 언약궤를 가져왔다. 모두 다 중요한 일들이 아니었던가?

그러나 어쩌면 이러한 중요한 일들 속에서 그가 가장 중요한 것을 놓쳤는지도 모른다. 우리도 어쩌면 뭔가 주님을 위해서 중요한 일을 한다고 여기면서, 정작 주님께서 생각하시는 가장 중요한 일이 무엇인지는 모르고 있는지도 모른다. 그 중요한 일이란 바로 하나님께서 그를 위해서 행하신 일을 기억하는 것이다. 그리고 그분께서 행하실 일을 소망하며 살아가는 것이다. 하나님을 위해서 열심히 노력하는 것보다, 하나님의 무한한 사랑 안에서 어린아이처럼 즐거워하며 쉬고 그분만으로 참 만족을 누리는 것이다.

누가복음에는 예수님께서 일흔 명의 제자들에게 전도를 명령하시고 그들을 보내신 일이 기록되어 있다 누가복음 10장 1~24절. 그 일을 통해서 놀라운 사역의 열매들이 있었다. 그들이 흥분해서 돌아와 이렇게 말한다. "주여 주의 이름이면 귀신들도 우리에게 항복하더이다" 17절 이때 예수님께서 제자들의 상기된 분위기에 찬물을 끼얹기라도 하듯이 이렇게 말씀하신다. "귀신들이 너희에게 항복하는 것으로 기뻐하지 말고 너희 이름이 하늘에 기록된 것으로 기뻐하라" 20절

예수님의 제자들은 사역의 열매를 보고 기뻐했다. 일이 좋은 결과가 있었을 때 그것으로부터 그들 자신의 존재 가치를 한층 높이 느낀 것이다. 그리고 그들은 주님을 위해서 더 열심히 일해 열매를 얻어야겠다고 생각했다. 하지만 사역이 항상 잘되기만 할까? 만약 사역이 잘 안 될 때는 어떻게 될까? 기쁨이 다 사라지고 자신들은 존재 가치도 없다고 생각하게 될 것이다. 이것을 주님께서는 아셨다.

그렇다면 사역의 성공을 경험한 이들이 더 중요하게 붙들어야 하는 것은 무엇일까? 그들이 이룬 결실로 기뻐하는 일인가? 그 일로 말미암아 자부심을 느끼고 어떤 성취감을 느끼는 것인가? 아니면 여전히 주님께서 그들을 사랑하신다는 사실을 아는 것인가? 그들이 전도를 나가서 귀신을 쫓아내지도 못하고 선교 사역의 열매가 별로 없었다고 해도, 그들의 이름이 생명책에 기

록되어 있다는 사실을 아는 것인가? 무엇을 더 중요한 것으로 붙들어야 했을까?

다윗은 지금까지 '서서' 열심히 일했다. 그래서 드디어 '성전 건축'이라는 절정의 시점에까지 이르렀다. 이렇게 하면서 그는 스스로 중요한 일을 해 오고 있다고 여겼겠지만, 그는 이 중요한 일들 속에서 사실 가장 중요한 일을 놓치고 있었다. 그것은 하나님께 나아가 '앉아 있는' 일이었다.

우리는 신앙생활에서 눈에 잘 띄는 일들을 하는 것은 매우 열심을 내면서, 눈에 잘 띄지 않는 기도와 같은 일들은 등한시하기가 쉽다. 겉으로 드러나는 행동은 중요하게 여기면서, 조용한 묵상은 가볍게 여기기 쉽다. 그러면서 내가 행동하고 있는 일에 집중하느라 모든 일이 내 힘으로 되고 있다고 착각하기 쉽다. 그러다가 하나님께서 나를 위해서 일하고 계심을 잊을 때가 많다. 내가 삶의 주체인 것처럼 생각하고 하나님께서 내 삶의 주체로서 일하고 계심을 망각하는 것이다. 그러면 우리는 가장 중요한 것을 놓치는 것이다.

다시 하나님을 붙들다

다윗은 성전 건축이라는 큰 계획에까지 달려왔던 걸음을 멈추고 조용히 하나님 앞에 앉았다. 그리고 기도한다. 사무엘하 7

장에 기록된 그의 기도문에는 하나님의 이름이 무려 열일곱 번이나 나온다. 하나님을 가리키는 인칭대명사를 합치면 하나님에 대한 언급이 쉰 번이 넘는다. 지금까지 이렇게 많이, 이렇게 연속적으로, 집중적으로 하나님을 부른 적이 없었다. 바쁜 일들 속에서 하나님을 위해서 무엇을 한다는 생각으로 살아왔지만, 그런 과정에서 하나님께서 도리어 다윗이 하는 일에서 마치 '제삼자'처럼 되신 것이다.

다윗과 하나님의 관계는 곧 다윗과 그가 하는 일의 관계, 그러니까 일의 결과로 평가할 수 있는 것이 되어 갔다. 그래서 다윗의 시선은 늘 자기가 행한 일과 그 결과를 향하고 있었다. 그가 좋은 결과를 얻으면 하나님과의 관계도 좋은 것이 되고, 나쁜 결과를 얻으면 하나님과의 관계도 나쁜 것이 되는 것처럼 되었다. 그랬던 그는 이제야 조용히 그분 앞에서 앉아서 그분의 이름을 부른다. 여러 중요하게 여겨 온 일들을 내려놓고, 그분을 주목하는 가장 중요한 일을 하게 된다. 하나님과 '나와 너'의 관계로 돌아오게 된 것이다.

만약 다윗이 그렇게 하지 않았다면 어떻게 되었을까? 지금까지 해 왔던 기세를 몰아 성전을 건축했다면 어떻게 되었을까? 만약 하나님 앞에 가서 앉지 않고 평소처럼 계속 서서 일했다면, 그는 과연 어떻게 되었을까?

아마도 그는 성전을 세우는 일 속에서, 또 성전을 건축했다는 만족감 속에서, 자기가 하나님을 위해서 무엇을 했다는 자만심을 품게 되었을 것이다. 그에게는 하나님이 점점 '그분'으로 부르는 '제삼자'로 고정되어 인격적 관계는 사라지고, 그는 자신이 하나님을 위해 이루었다고 여기는 일들 앞에서 자기 영광에 취해 있었을 것이다. 그는 하나님께서 그에게 더 큰 것을 이루어 주셨음을, 하나님께 그가 갚을 수 없는 큰 은혜를 입었음을 잊고 살았을지 모른다. 그렇게 여러 중요한 일들을 하다가 가장 중요한 것을 잃어버리게 되었다면, 우리가 아는 다윗은 있을 수 없다.

사람들을 다음 세 부류로 나눌 수 있다. 한 사람은 '앉기만 하고 설 줄 모르는' 사람이다. 서서 맡은 일들을 제대로 하지 않는, 성실함도 책임감도 없는 사람이다. 또 한 사람은 '설 줄은 아는데 앉을 줄 모르는' 사람이다. 일을 맡으면 열심히, 정말로 열심히 한다. 서서 일에 빠진다. 하지만 기도와 묵상으로 하나님 앞에 앉는 시간과 여유를 갖지 못한다.

마지막 한 사람은 '설 줄도 알고 앉을 줄도 아는' 사람이다. 그는 서서 열심히 일하지만, 동시에 조용히 하나님 앞에 앉을 줄도 안다. 그는 서서 자기 맡은 일에 최선을 다하지만, 하나님 앞에 앉아 자신이 은혜로 사는 한낱 부족한 존재일 뿐임을 겸손히 자각할 줄 안다. 나는 어떤 사람으로 살고 있는가?

안식일이 필요한 이유

전쟁을 앞두고 모세는 이스라엘 백성들에게 이렇게 말했다. "너희는 두려워하지 말고 가만히 서서 여호와께서 오늘 너희를 위하여 행하시는 구원을 보라"출애굽기 14장 13절 전쟁터에서는 나가서 최선을 다해 싸워도 부족할 형편인데, 나가서 자기 힘으로 싸우려고만 생각하지 말고 하나님께서 싸워 주시는 것에 주목해 보라는 것이다. 예수님께서는 자신의 발치에서 조용히 말씀을 경청하는 마리아에 대하여 이렇게 말씀하셨다. "마리아는 이 좋은 편을 택하였으니 빼앗기지 아니하리라"누가복음 10장 42절 마르다가 열심히 일했던 것도 중요하지만, 예수님께서 하시는 일에 주목하는 마리아가 더 중요한 일을 하고 있다는 것이다.

우리는 일 중심적인 사회를 산다. 행동 지향적 세상이다. 그래서 '일하지 않는 것'의 의미를 망각한다. '서서' 살아가는 것만 중시하는 것이다. 그런데 하나님께서는 안식일을 매우 강조하셨다. 안식일은 어떤 날인가? '앉게' 하는 날이다. 대개 사람들은 자기가 열심히 일한 것으로 산다고 여기며 엿새를 산다. 그런데 안식일은 사실 우리의 오늘이 하나님께서 우리를 위하여 일하시기에 있음을 알려 준다. 우리가 하나님의 은혜로 살아 있음을 생각하는 자리에 '앉게' 하는 것이다.

내 노력과 일과 행동이라는, 바다 위에서 이는 파도만 볼 일이 아니다. 바다 밑에서 흐르는 해류와 같이 하나님께서 하시는 일과 그분의 은혜를 보는 시간을 가지면서 조용히 '앉아야' 한다. 열심히 일하고 헌신하라고 강조하는 말씀도 들어야 하지만, 멈추어 서고 가만히 앉아 하나님을 바라보라는 말씀도 역시 들어야 한다. 사회생활도 직장 생활도 다 중요하다. 그러나 가장 중요한 일이 아직 남아 있다. 하나님 앞에서 '앉는 일'이다.

이 세상에서의 엿새는 성취 지향적 시간이 되기 쉽다. 이러한 때에 우리의 존재가 원래 의미하는 바를 지향하게 하는 날이 더욱 특별하게 중요하다. 업적을 위해 자신을 끊임없이 착취하며 살아야 하는 피로한 사회에서, 가장 중요한 존재의 본질을 바라보기 위해 앉는 일이 너무나 절실하다. 무엇이든 해야만 한다는 강박에서 벗어나 우리가 이미 하나님께서 기뻐하시는 대상이라는 사실에 눈뜨고, 그것을 기억하는 것이 필요하다.

선교사들에게 파송 교회나 단체가 주로 하는 말은 아마 '서서 일하라'일 것이다. 그래서 그들은 뭔가 보이는 업적을 만들어야 한다는 압박을 받는다. 그런 일을 잘 해내면 자신들도 만족스러워 한다. 그리고 더 일을 많이 해야 한다는 부담을 갖고 또 일을 만든다. 물론 선교지에서 선교사가 해야 할 중요한 일들이 오죽 많겠는가? 그러나 이렇게 '서서' 일하다가 '앉아 머무는' 것을 놓치는 경우가 많다.

교회 절기마다 교회들이 얼마나 바빠지는지 모른다. 교회들마다 여러 행사를 하고, 그러고 나서 무엇인가를 했다고 흐뭇해한다. 이렇게 절기를 바삐 보내면서, 사실은 우리가 가장 중요한 것을 잊고 있는 것은 아닐까? 교회 절기의 핵심은 '하나님께서 일하셨다'는 사실을 기억하는 것이다. 예를 들어 성탄절은 하나님께서 우리를 위해 행하신 성탄, 성육신 속에 나타난 그 은혜를 다시 붙잡는 것이다. 교회들이 하나님을 위해서 많은 사역을 하고 있다. 그런데 가장 중요한 일은 우리가 하나님을 위해서 하는 일들이 아니라, 하나님께서 우리를 위해서 하신 그 은혜를 바르게 알고 누리는 것이다. 서서 일하는 것보다 앉는 것이 더 중요하다.

겨울이 되면 나무는 잎을 다 떨구어 버리고, 오직 뿌리에 연결되어 살아 있는 것 그 하나에만 집중한다. 그러면서 봄을 기다린다. 한 그루 겨울 나무가 오직 뿌리에 붙들려 있을 때 다시 봄을 만나게 되는 것처럼, 겨울 같은 현실 속에서 가장 중요한 일은 우리가 하나님께 붙들려 있음을 잊지 않는 것이다. 조용히 우리 존재의 본질로 깊숙이 들어가면, 그때 생명을 살리는 은혜를 만나게 될 것이다.

언제나 사랑이 정답이다
(사무엘하 18장 28~33절)

현실적인 인물 다윗

성경에 예수님 다음으로 가장 많은 이야기가 기록된 사람이 있는데, 그는 바로 다윗이다. 우리가 예수님을 통해 완벽하고 이상적인 인간과 삶을 볼 수 있다면, 다윗을 통해서는 현실적인 인간과 그 삶을 볼 수 있다. 다윗을 생각할 때 종종 미켈란젤로의 다윗 조각상과 같은 흠 없는 완전한 남성을 떠올리곤 하지만, 사실 그는 결점이 많은 사람이었다. 결점과 약점 때문에 많이 넘어진 사람이었고, 그것 때문에 고통을 많이 겪은 사람이었다. 하지만 그는 넘어지는 것으로 끝나지는 않았고, 그런 과정을 통해 마침내 내면이 더 깊어지고 신앙은 더 성숙해졌다. 그렇게 다윗은 우리가 아는 그 다윗이 되어 갔다. 그런 점에서 다윗은 우리가 공감하게 되는 현실적인 인물이다.

있는 그대로 보아야

다윗의 흠을 언급할 때면 가장 먼저 그가 밧세바와 우리야_{개역개정 사무엘하에서는 '우리아'}에게 저지른 사건을 떠올리게 된다. 인간으로서 어떻게 그런 죄를 지을 수 있는가 싶은 생각도 솔직히 든다. 하지만 그가 그 당시의 왕이었다는 점을 생각해 보면 사실 그런 일이 있기 어려운 일은 아니다. 그런 일은 그 시대의 문화 속에서 보자면 절대권력자인 왕의 주변에서 흔히 일어날 법한, 사소한 궁중 비화 정도에 불과한 일이었다.

그렇게 주변의 다른 나라들에서는 별 문젯거리도 아닐 일이 다윗에게는 큰 문제가 되었다는 점이 중요하다. 다윗은 왕이었지만, 그런 죄가 드러났을 때 자신을 죄인으로 고백했다. 이것은 다른 고대 국가의 왕들에게서는 있을 수 없는 일이었다. 그가 하나님을 믿었기 때문에 가능했지, 그렇지 않으면 결코 일어날 법한 일이 아니었다. 그러나 그의 이런 태도가 자주 넘어졌던 그를 일어서게 했고, 인격의 변화를 가져오면서 앞으로 더 나아가게 만들었다.

자기로 말미암아 오는 고통

범죄와 고통, 그리고 참회와 회복이 다윗의 생애 중반기에 찾아왔다. 하지만 다윗의 생애 후기에는 더 힘든 시련들이 찾아온다. 그중 하나가 바로 압살롬의 반역 사건이다. 다윗의 초기에도 어려운 시련이 많았다지만, 그 시절의 시련과 고통은 주로 다윗의 밖에서 온 것이었다. 사울로 말미암은 고통이 그 대표적인 예이다. 하지만 다윗의 생애 후반기에는 그 시련과 고통이 자기 밖이 아니라 자기 안에서 왔다. 다윗 자신으로 말미암아 고통이 생겨난 것이다. 이것은 오늘날 우리의 모습과 흡사하다. 삶이 안정되기 전에는 주로 밖에서 오는 어려움들에 시달리다가, 정작 안정된 삶을 누리기 시작하면 자기 안의 죄로 말미암아 고통을 당하는 경우가 많지 않은가?

다윗이 인생 후반기에 시련과 어려움이 많았던 것을 밧세바 사건으로 말미암은 징계로만 생각하기 쉽다. 물론 그 죄로 말미암은 영향이 없지는 않지만, 다윗은 이미 그 죄에 대해 용서를 구했고 또 용서를 받았다. 다윗이 압살롬에게 큰 고통을 받은 것은 밧세바 사건으로 받은 징계가 아니라, 다른 종류의 죄들 때문이었다. 그 죄들 때문에 그는 혹독한 대가를 치른다. 이 죄는 우리도 흔히 범하는 죄다. 우리는 비록 다윗이 밧세바와 우리야에게 저지른 정도의 죄는 아니라도, 다윗이 생애 후반부에 보인 이런 죄를 흔히 범하며 살아간다. 이 때문에 삶에서 아픔을 겪는다. 그런 점에서 다윗의 생애 후반부의 이야기가 주는 교훈에 더 주목해야 한다.

분노만으로 끝나면 안 된다

밧세바와 우리야에 대한 다윗의 범죄 이후에, 다윗 가정 안에서 그와 비슷한 범죄가 일어났다. 장남인 암논이 이복 누이 다말을 범한 것이다. 다윗이 밧세바를 인격체가 아니라 비인격적인 애욕의 대상으로 삼은 것처럼, 암논도 그렇게 했다. 이 일을 알게 된 다윗은 크게 분개했다. 하지만 암논을 불러다가 책망하거나 응당한 벌을 내리지는 않았다. 왜 그랬는지 잘 알 수 없다. 암논이 장남이기에 각별한 애정이 있었던 것인지, 아니면 그를 왕위를 물려받을 자라고 여기고 문제를 키우지 않고자 한 것인지, 아니면 비슷한 범죄를 저질렀던 자신의 쓰라린 기억 때문인지 분명치 않다.

그런데 이 사건을 조용히 덮어 버린 다윗의 미온적 태도는 겉으로는 일을 마무리한 것 같았지만, 속으로는 큰 문제를 만들고 말았다. 일이 공정하지 않게 처리되었다고 여긴 다말의 오빠 압살롬이 암논에게 복수심을 품게 된 것이다. 압살롬은 다윗의 셋째 아들이었지만 왕위에 대한 야망이 많아서, 그렇지 않아도 장남인 이복 형 암논을 경쟁 상대로 보고 있던 터였다. 그런데 이 일이 그에게 미움에 더하여 복수할 명분까지 준 것이다. "그를 미워하여 암논에 대하여 잘잘못을 압살롬이 말하지 아니하니라"
사무엘하 13장 22절

마음에 복수심을 품은 채 이 년을 조용히 지내던 압살롬은, 축제일에 맞추어 왕자들과 신하들을 초청한 자리에서 이복 형 암논을 살해한다. 그리고 아버지를 피해 자기 어머니의 고향인 그술이라는 곳으로 도망을 간다. 복수를 함으로써 암논에 대한 증오심을 풀기는 했지만, 그 결과 그는 집으로 돌아갈 수도 없고 아버지 얼굴을 볼 수도 없는 고통의 시간을 보내게 된 것이다.

그리고 삼 년의 시간이 흘렀다. 문제 자체가 해결되지는 않았어도 세월은 서서히 마음의 분노와 사건의 충격을 완화시켜 가는 법이다. 다윗도 마찬가지였다. 압살롬에 대한 분노가 약간씩 누그러져 갔다. 이것을 눈치챈 요압 장군이 다윗을 설득해서 압살롬을 궁궐로 불러오게 한다.

잃어버린 기회

드디어 압살롬이 삼 년간의 도피 생활을 끝내고 예루살렘 궁궐로 돌아왔다. 이때 그는 아버지에게 자초지종을 말하고 용서를 빌려는 마음을 단단히 먹었고, 아버지와의 관계가 회복되기를 기대했다. 하지만 다윗의 첫 반응은 압살롬의 이런 기대를 무너뜨리고 말았다. 다윗이 압살롬을 만나기를 거부한 것이다. "그를 그의 집으로 물러가게 하여 내 얼굴을 볼 수 없게 하라 하매 압살롬이 자기 집으로 돌아가고 왕의 얼굴을 보지 못하니라" 사무

엘하 14장 24절

심지어 다윗은 이 년이 지나도록 그를 만나 주지 않았다. 암논을 죽인 살인죄를 처벌하지도 않고 그를 넓지도 않은 예루살렘 도시 안으로 받아들인다는 부담 때문이었을까? 아니면 궁내의 다른 실권자들이 압살롬을 받아들이는 것을 반대했기 때문인지 그 정확한 이유는 알 수 없지만, 무려 이 년 동안이나 아들의 얼굴을 전혀 보지 않았던 이유를 이해하기가 쉽지 않다.

어쨌든 아버지를 만나 용서를 구하겠다는 마음이 이 년 동안 계속 거절당하자, 그술에서 예루살렘으로 돌아올 때 뜨거웠던 압살롬의 마음은 점점 차갑게 식어 가고 있었다. 이 년의 외로운 시간들을 지내면서, 이제는 암논이 아닌 아버지에 대한 원한이 압살롬의 마음속에서 싹트기 시작한 것이다.

그래도 압살롬은 마지막 기대를 품고 아버지 다윗을 만나고 싶어 했다. 그리고 마침내 요압 장군을 통해 드디어 왕에게 나아갈 기회를 얻었다. 왕은 그에게 입을 맞추었다. 겉으로 보면 관계가 풀어진 듯이 보인다. 그러나 이 만남에서 압살롬이 품은 서운함이 해결되지는 않은 것 같다. 이 년간의 세월 동안 쌓인 섭섭한 마음이 어찌 한 번 만난다고 풀릴 수 있겠는가?

이 만남은 아버지가 주도한 것이 아니라 압살롬이 간청해서 이루어진 것인데, 안타깝게도 화해와 용서가 없는 의례적인 어색한 만남으로 그치고 말았다. 압살롬은 그 자리에서 자기를 책망하지도 않고 그렇다고 용서를 선언하지도 않는, 사무적이고 차가운 아버지를 보게 되었던 것이다. 압살롬은 마지막으로 아버지에게 기대했던 모습을 발견하지 못하자, 아버지가 자기를 버렸다고 생각하고 자기도 아버지를 버리기로 한다. 아들이 아버지의 속마음을 읽지 못한 것이다.

그가 아버지를 만난 이후의 행동이 이런 마음을 증명한다. 왕이 그를 만나줌으로써 왕자로서 공적 행동을 할 수 있는 신분을 회복한 다음, 그는 그 신분을 이용해서 왕을 배반하기 위한 준비를 하기 시작한다. 사 년 동안 예루살렘 성문에서 백성들을 직접 만나며 민심을 서서히 빼앗는 여론 정치를 한 것이다. 그리고 민심이 어느 정도 자기에게로 넘어왔다고 판단하게 된 즈음에, 그는 마침내 이스라엘 지파들을 헤브론에 불러 놓고 그곳에서 자신을 왕으로 선포하고, 아버지를 향해 반란을 일으킨다.

아들의 칼날에 쫓기는 아버지

이제부터는 이전과 전혀 다른 상황이 전개되기 시작한다. 지금까지는 다윗이 압살롬을 배척하고 거절하며 관계를 주도하던 상황이었는데, 이제는 아들 압살롬이 아버지를 배척하고 쫓으며 주도권을 행사하는 상황이 전개된 것이다. 이전에는 압살롬이 다윗을 피해 도망했지만, 이제는 다윗이 압살롬을 피해서 도망하게 되었다. 다윗이 이렇게 말한다. "빨리 가자 두렵건대 그가 우리를 급히 따라와 우리를 해하고 칼날로 성읍을 칠까 하노라"사무엘하 15장 14절 신하들이 다윗을 따라 나서고 다윗의 긴 피난 행렬이 시작된다. 이 사건은 왕의 신세를 완전히 바꾸어 놓았다. 다윗은 왕에서 도망자로 전락한다.

하지만 우리가 주목해야 할 변화가 이 일이 터지면서 일어났다. 그것은 다윗의 외적 상황에서 엄청난 변화가 일어났다기보다는, 그의 내면에서 마음과 태도가 변화한 것이었다. 우리는 이 부분을 주목해서 보아야 한다. 다윗의 이런 내적인 변화는 바닥으로 떨어진 외적 상황을 다시 회복시키는 전기가 되기 때문이다. 이전에 그가 밧세바 사건으로 넘어졌을 때 회개하는 마음이 그를 살렸듯이, 이번에도 그렇게 되었다.

당시 사울왕가는 이미 몰락한 상황이었지만, 거기에 속한 세력들이 일부 남아 있었다. 그중에 시므이라는 유력한 인물이 있었는데, 그가 다윗왕의 초라한 피난 행렬을 보면서 이렇게 저주를 퍼부었다. "영영 가거라! 이 피비린내 나는 살인자야! 이 불한당 같은 자야!"사무엘하 16장 7절, 새번역 암논과 압살롬에 대한 분노를 계속해서 억눌렀던 다윗이 이런 소리까지 들으며 참고 있기가 쉽지는 않았을 것이다. 그가 비록 쫓기고 있었지만, 곁에는 유능한 장수들이 있었다. 마침 장수 한 명이 다윗을 저주하는 그를 당장에 죽이겠으니 허락해 달라고 한다.

그런데 그때 다윗이 그를 그대로 두라며 이렇게 말한다. "주님께서 그에게, 다윗을 저주하라고 분부하셔서 그가 저주하는 것이라면, 그가 나를 저주한다고, 누가 그를 나무랄 수 있겠느냐?" 사무엘하 16장 10절, 새번역 시므이가 옳은 말을 하고 있고, 하나님께서 자기에게 하시는 말씀을 선포하고 있다는 것이다. 예루살렘에서는 아버지를 알현하려는 압살롬의 음성을 외면하던 다윗이, 피난길에서는 한 사람이 쏟아붓는 저주를 통해서 역설적으로 자기를 향한 하나님의 음성을 듣고 있는 것이다. 여기서 다윗의 외적 상황의 변화보다 다윗의 내면에서 일어난 변화를 더 주목해서 보아야 한다.

아들을 염려하는 아버지

이어서 다윗의 내면에서 일어난 또 하나의 큰 변화를 볼 수 있다. 이렇게 압살롬을 피해 도망하던 다윗은 자기 군대를 정비하게 되고, 그렇게 준비된 다윗 군대가 다윗을 추격해 오는 압살롬의 군대와 맞서 싸우게 된다. 장남 암논을 죽인 압살롬을 지난 구 년간 용서하지 못했던 다윗이다. 게다가 그 압살롬은 이제 형 암논만이 아니라 아버지인 자신까지 죽이려고 한다. 압살롬이 이전보다 더욱더 용서할 수 없는 일을 저지르고 있는 것이다.

이런 압살롬을 두고 다윗이 "더 이상 용서할 수 없는 놈이로구나. 그러니 그를 합당하게 처리하라!"라고 부하들에게 명령함 직하다. 그런데 이전에 보였던 다윗의 모습에서는 나오기 힘든 말이 나온다. "나를 생각해서라도, 저 어린 압살롬을 너그럽게 대하여 주시오." 사무엘하 18장 5절, 새번역 다윗은 자신의 심복에게 압살롬을 반역자로 대하지 말라고 부탁하는 것이다.

드디어 두 군대 사이의 격렬한 전투가 벌어진다. 그런데 압살롬이 수풀 속을 달리다가 그만 그의 풍성하고 긴 머리카락이 나뭇가지에 걸려서 매달리게 된다. 다윗은 압살롬을 죽이지 말라고 당부했지만, 요압은 다윗의 말을 거역하고 그를 잔인하게 찔러 죽인다.

전쟁이 끝나고 전령이 압살롬이 죽었다는 소식을 들고 다윗에게 달려간다. 전쟁터에서 온 전령에게 다윗이 묻는데, 그 질문이 다윗의 속마음을 드러낸다. 보통 이런 경우라면 전령에게 전쟁에서 이겼는지 졌는지, 아군의 상황이 어떤지를 묻기 마련이다. 그런데 다윗은 가장 먼저 자신을 죽이려 했던 압살롬의 안전을 염려하며 이렇게 물은 것이다. "그 어린 압살롬도 평안하더냐?" 사무엘하 18장 29절, 새번역

이에 전령이 압살롬이 죽었다는 소식을 전하자, 다윗은 심히

마음이 아파 슬피 운다. "내 아들 압살롬아 내 아들 내 아들 압살롬아 차라리 내가 너를 대신하여 죽었더면 압살롬, 내 아들아 내 아들아" 사무엘하 18장 33절 그동안 압살롬을 '아들'로 대하지 않았던 다윗이, 이번에는 다섯 번이나 연이어 그를 아들이라고 부르며 운다. 수년간 압살롬을 만나 주지도 않았던 다윗의 태도가 왜 이렇게 달라진 것일까? 이 울음 속에 담긴 다윗의 마음은 무엇이었을까?

아들을 부르며 우는 아버지

다윗이 죄를 범했을 때 하나님께서는 그에게 나단을 보내셨다. 그리고 그가 알아들을 수 있도록, 비유를 통해서 그의 잘못을 부드럽지만 단호하게 깨우치셨다. 그렇게 그로 하여금 회개할 수 있게 인도하셨고, 그래서 죄인인 다윗의 영혼이 살아났다. 하지만 다윗은 암논이 다말에게 잘못을 저질렀을 때, 그냥 분노하기만 했다. 암논이 알아들을 수 있도록 적절하게 그의 죄를 일깨우지 않았다. 그는 암논에게 아버지가 되지 못했다.

그리고 다윗이 나단의 책망을 듣고 회개하려고 찾아왔을 때, 하나님께서는 그를 즉시 만나 주셨다. 하나님께서는 늘 다윗이 오기를 기다리셨고, 그의 마음의 소리를 듣고자 하셨다. 하지만 다윗은 압살롬을 만나지 않았다. 압살롬은 아버지를 만나 용서를 구하려고 했지만, 다윗은 그에게 용서를 구할 기회를 주지 않았다. 그런 세월을 수년간 보내게 했다. 아마 그렇게 함으로써 살인죄의 책임과 고통을 뼈저리게 느끼도록 계속해서 벌을 주는 것이 좋다고 여겼는지도 모르겠다.

우리는 여기에서 다윗의 또 다른 죄를 본다. 다윗의 생애 중에서 두드러지는 죄는 밧세바에 대한 죄와 우리야에 대한 죄다. 그 죄는 정욕을 이기지 못한 죄요, 범죄가 발각되기를 피하려는 그릇된 본능에서 나온 죄였다. 그러나 다윗이 압살롬에게 범한 이 죄는 두드러지지는 않았지만 더 큰 대가를 치르게 되었다. 그 죄는 자신이 하나님으로부터 받았던 용서를 자신의 아들에게는 베풀지 않은 것이다. 바로 이 죄가 결국 암논과 압살롬을 죽게 만든 것이다.

다윗은 이 죄를 두 아들을 잃고 난 후에야 깨달았다. 그래서 "아들아, 내가 미안하다. 내가 잘못했다"라며 우는 것이다. 다윗의 생애 중에서 가장 비통한 그 울음 속에 자신의 죄에 대한 깊은 참회가 담겨 있었다.

탕자의 아버지

다윗의 인생 후반부의 이야기를 들으면서, 만약 다윗과 압살롬의 이야기가 예수님께서 전해 주신 탕자의 이야기처럼 전개되었더라면 어떻게 달라졌을까 생각해 본다. 그랬다면 다윗의 인생 후반부의 이야기는 우리가 알고 있는 이야기와 얼마나 다르게 되었을까? 아버지 다윗이 두 아들 암논과 압살롬을 잃지 않고 두 아들도 아버지를 찾게 되었다면, 다윗 말년의 이야기는 얼마나 행복했을까?

유명한 화가인 렘브란트가 말년에 「돌아온 탕자」라는 그림을 그렸다. 이 그림 속의 아버지는 아들에 대한 걱정 때문에 많이 쇠잔해 있고, 얼굴도 많이 상해 있다. 그리고 아들은 무릎을 꿇고 앉아 있는데, 그 행색이 형편없다. 아버지가 그런 아들의 등을 두 손으로 어루만지고 있다. 그런데 이 그림을 조금 더 자세히 보면 아들의 등을 어루만지는 아버지의 두 손의 모양이 다르다. 왼손은 투박하고 거칠며 힘줄이 도드라진 남자의 손이라면, 오른손은 부드럽고 매끈한 여자의 손으로 묘사되어 있다. 한 손은 강한 남성의 손이요, 다른 한 손은 온화함이 배어 있는 여성의 손이다.

암논에게는 책망하는 아버지의 강한 손이 필요했다면, 압살롬에게는 부드럽게 받아 주는 어머니의 손이 필요했다. 이어령 씨의 글 속에 이런 짧은 시가 있다.

바늘에는
강철의 딱딱함이 있고

실에는 섬유의 부드러움이 있다

이 두 개를 함께 가졌을 때

비로소 우리는

해진 것을 깁고

조각난 것을 이을 수 있다

그러나 다윗은 상처 입은 두 아들의 영혼을 깁고 잇지 못했던 것이다.

우리는 다윗이 밧세바와 우리야에게 범한 것과 같은 죄는 짓지 않고 산다고 할지라도, 압살롬 사건에서 보이는 그런 죄는 아무 생각도 없이 지으며 살고 있는지도 모른다. 자신은 하나님께 큰 용서를 받았는데도 남에게는 좀처럼 용서를 베풀지 않는 그런 모습이 우리에게 흔히 있다. 용서가 아닌 억누르는 방식으로 상대를 바꾸려고 하고, 은연 중에 차갑게 대하면서 은근히 마음으로 고통을 주려고 하고 있을 수도 있는 것이다.

흔히 경험하는 일이지만, 우리는 사소한 일에는 "괜찮아요!"라고 쉽게 말해도, 중요한 일 앞에서는 냉정하게 입을 굳게 다문다. '용서할까?' 하고 생각하는 순간에, "저 사람은 뭔가 배워야 해. 한동안 속 좀 끓이게 내버려 둬. 행동에는 결과가 따른다는 걸 배워야 해. 잘못한 건 저쪽이야." 하고 생각한다. 마음을 차갑게 식히고 마음의 문을 걸어 잠그는 경우가 많다. 그러면서 자신의 잘못에는 눈먼 사람이 된다.

사랑만이 답이다

다윗의 이야기는 자기가 용서받았다는 것을 잊고 살고 그래서 남을 용서하는 데 인색한 것이, 삶에서 그 어떤 것보다 큰 고통을 주는 죄임을 알려 준다. 이런 죄는 경건한 다윗도 잘 극복하지 못했는데, 이는 이런 죄에서 자유로운 사람이 그리 많지 않다는 뜻이기도 하다. 다윗에게서도 드러났지만, 사랑이 아닌 그 어떤 방식도 사람을 바꾸지 못한다. 결국 실패로 끝날 뿐이다. 그렇게는 남을 바꾸지 못하고 오히려 자신과 남을 다 해치는 것이다. 이것을 다윗은 두 아들을 다 잃고 나서야 비로소 때늦게 알게 되었다.

용서는 참 힘든 것이다. 그러나 용서하지 않아서 일어나는 그 결과와 대가를 견디는 것은 더욱더 힘들다. 그러므로 우리는 때가 너무 늦기 전에, 나를 용서해 줄 사람이 떠나기 전에 용서를 구해야 한다. 아직 기회 있을 때, 아직 그 사람이 옆에 있을 때, 아직 그 사람의 마음이 굳게 잠기기 전에 "미안합니다."라고 말해야 한다. 그 사람이 우리 곁에 있을 때, "괜찮습니다."라며 용서해야 한다.

다시 인간으로 바라보자

용서하는 일이 쉽지는 않지만, 방법이 없지는 않다. 호스피스 운동의 창시자인 엘리자베스 퀴블러 로스Elizabeth kubler Ross는 그의 유명한 책 『인생수업』*에서 이렇게 말한다. "용서의 첫 단계는 나에게 상처를 준 사람들을 다시 인간으로 바라보는 것이다." 맞는 말이다. 다윗이 압살롬을 자기처럼 연약한 인간으로 다시 볼 수 있었다면, 그는 조금 더 일찍 압살롬을 품었을 것이다. 자신도 죄를 짓는 인간이면서, 다윗은 압살롬의 죄를 너무나 오랫동안 받아들이지 못한 것이다.

또 하나는 하나님의 용서를 기억하는 것이다. 다윗이 만약 자신도 용서받았다는 것을 좀 더 일찍 기억했다면, 그는 압살롬을 좀 더 일찍 품고 용서할 수 있었을 것이다. 우리도 그렇다. 실제로 내게 상처를 준 사람을 서너 걸음 물러서서 바라보고 그 사람의 사정을 이해하려고 한다면, 용서가 가능해지기 시작한다. 그래도 용서하기 어렵다면, 하나님께서 나에게 베푸신 용서와 사랑을 기억해야 한다. 그러면 용서가 좀 더 쉬워진다.

임종의 시간에 가장 흔히 우리의 발목을 잡는 일이 용서하지 못한 일, 그리고 용서받지 못한 일이라고 한다. 기회가 있을 때

---

* 엘리자베스 퀴블러 로스, 데이비드 케슬러 지음, 류시화 옮김, 『인생수업』, 이레, 2014.

용서받고 용서하면서 살아갈 일이다. 우리가 받은 최고의 선물이 무엇인가? 그것은 하나님께서 예수 그리스도를 통해 용서해 주신 것이다. 우리가 주고받을 수 있는 최고의 선물도 바로 용서하는 것이다. 용서를 선물로 받은 우리는 가까운 사람에게부터 용서를 선물해 주면서 살아가야 한다.

칼의 나라 vs. 제사장 나라
(사무엘하 24장 1~10절)

마지막 질문

사무엘서에 나오는 다윗의 이야기는 별로 유명하지 않은 인구조사 이야기로 끝을 맺는다. 이 이야기의 의미를 매우 궁금해하는 이들이 많다. 이 인구조사 이야기는 다윗의 생애의 가장 마지막 순간에 일어난 이야기는 아니지만, 다윗 이야기의 제일 마지막 부분에 놓여 있다. 그 이유는 이 이야기가 다윗의 생애를 정리하는 중요한 교훈을 담고 있기 때문이고, 이 이야기가 던지는 질문이 다윗의 생애를 정리하는 질문이 되기 때문이다. 이 질문은 우리를 포함한 모든 사람들이 던지는 궁극적인 질문이기도 하다.

한 해를 마무리할 즈음이면 우리는 한 해 동안 대체 무엇을 했는지를 스스로에게 묻는다. 물론 어떤 다양한 일들을 하면서 보냈는지 묻는 일도 중요하다. 그런데 더욱 중요한 것은 그 여러 일들을 하고 그 세월을 보내며 결국 나는 어떤 사람이 되었는가,

나는 어떤 존재가 되었는가 질문하는 것이다. 이 질문이 우리가 답해야 하는 가장 중요한 질문이고, 궁극의 질문이 된다는 것을 알아야 한다.

하나님께서는 이스라엘이 어떤 나라가 되기를, 다윗이 어떤 사람이 되기를 원하셨을까? 우리는 어떤 사람이 되겠다는 목표를 세워야 하며, 하나님께서 우리에게 원하시는 모습은 무엇일까? 다윗의 이야기는 이런 질문에 답을 해 준다. 그런 점에서 다윗의 이 마지막 이야기가 중요하다.

다윗의 인구조사

다윗은 자신의 통치 후기에 인구조사를 했다. 그런데 이 인구조사 때문에 이스라엘은 하나님의 큰 심판을 받게 된다. 다윗은 밧세바와 우리야에게 저지른 죄와 압살롬 이야기에서 보여 준 죄로 말미암아 심판을 받았는데, 인구조사에 담긴 죄로 또 큰 심판을 받는다. 이 인구조사는 다윗이 인생에서 지은 세 번째 종류의 죄인데, 이것 역시 우리가 흔히 짓는 죄이다.

인구조사는 그 자체가 잘못된 일은 아니다. 인구조사는 행정적인 이유나 통치 차원에서 할 수 있는 일이다. 모세도 이스라엘 백성을 애굽에서 탈출시키고 얼마 후에, 또 가나안 땅에 들어가기 직전에 인구조사를 했다. 그 두 번의 인구조사 과정을 기록하고 있는 책이 구약성경의 민수기이다. 그때는 아무런 문제가 없었는데, 다윗이 인구조사를 한 일은 하나님께서 심판하셨다. "여호와께서 다시 이스라엘을 향하여 진노하사 그들을 치시려고 다윗을 격동시키사 가서 이스라엘과 유다의 인구를 조사하라 하신지라"사무엘하 24장 1절

왜 그렇게 하신 것일까? 이 부분을 읽는 사람이라면 당연히 그런 의문을 갖게 된다. 이 말씀의 표현대로라면 하나님께서 다윗에게 인구조사를 하도록 시키시고, 이후 다윗의 인구조사에 대해 진노하셨다는 뜻이 된다. 먼저 성경의 이런 표현방식을 잘 이해해야 한다. 이미 하나님께서는 이스라엘의 어떤 상황에 대해서 진노하고 계셨고, 그래서 다윗에게 인구조사를 할 마음을 주신 것이다.

그러므로 인구조사 자체가 잘못이라기보다, 하나님께서는 인구조사라는 사건을 통해서 다윗과 이스라엘의 죄를 드러내려고 하신 것이다. 인구조사를 하지 않았으면 하나님의 심판을 받아도 왜 받아야 하는지 몰랐을 것인데, 이를 통해 잠재된 문제가 겉으로 드러났다. 하나님께서는 이로써 문제가 더 커지지 않도록 조치하셨던 것이다.

우리도 아무리 말해도 깨닫지 못하다가, 어떤 사건이나 어려움이 생기는 것을 계기로 비로소 지적하는 소리가 들리고 잘못

을 깨닫는 경우가 있다. 이처럼 다윗의 통치 말기에 하나님께서는 다윗으로 하여금 인구조사를 하게 하셨고, 다윗은 자신이 하나님 앞에서 크게 잘못하고 있다는 사실을 알게 되었다. 그렇다면 하나님께서 다윗과 이스라엘 백성에게 알려 주고자 하셨던 바로 그것은 무엇일까?

다윗이 인구조사를 했더니 이런 결과가 나왔다. "이스라엘에서 칼을 빼는 담대한 자가 팔십만 명이요 유다 사람이 오십만 명이었더라" 사무엘하 24장 9절 전체 이스라엘 백성들 중에서 칼을 빼는 담대한 자가 무려 백삼십만 명이나 되었다는 것이고, 이것을 다윗이 알게 되었다. 이 인구조사를 마친 후에 다윗은 하나님께서 책망하려고 하시는 것이 무엇인지를 즉각 마음으로 깨닫게 된다. 그리고 회개한다. "다윗이 백성을 조사한 후에 그의 마음에 자책하고 다윗이 여호와께 아뢰되 내가 이 일을 행함으로 큰 죄를 범하였나이다 여호와여 이제 간구하옵나니 종의 죄를 사하여 주옵소서 내가 심히 미련하게 행하였나이다 하니라" 사무엘하 24장 10절

우리나라의 인구조사도 그 결과를 보면 전체 인구에서 노령 인구의 비율, 청년 인구의 비율, 유아의 출산 상황 등을 알 수 있다. 이런 인구 통계로 나라의 상태를 진단할 수 있는데, 다윗도 이스라엘의 인구조사로 나라의 문제가 무엇인지를, 그리고 그의

잘못이 무엇인지를 깨닫게 된 것이다. 대체 그는 인구조사로 어떤 잘못을 깨달았던 것일까? 인구조사를 통해 발견한 문제가 무엇이었을까?

영웅이 된 칼 쓰는 이들

당시 이스라엘의 총인구가 얼마 정도였는지를 분명하게 알 수는 없지만, 아마 삼백만 명을 넘지 않았을 것이다. 그런데 인구조사 결과 백삼십만 명이 칼을 빼는 사람이라는 것은, 백성들 중에 칼을 가진 사람, 칼을 잘 쓰는 사람이 매우 많았다는 의미가 된다. 예비 전력이 많았다고도 볼 수 있겠지만, 백성들 중에 무기를 쓰는 사람이 많다는 것은 그 나라에 므력에 의존하거나 그것으로 무언가를 해 보려고 하는 사람들이 매우 많았다는 뜻이다. 즉 칼을 숭상하는 무력 지향적인 분위기가 전반적으로 퍼져 있었던 것이다.

이는 사무엘하 24장과 바로 앞 장인 23장을 서로 연결해 보면 더 분명해진다. 23장에는 다윗의 용사들에 관한 기록이 나오는데, 이들은 다윗이 통일왕국을 이루는 데 기여한 총 서른일곱 명의 탁월한 전쟁 영웅들이다. 당시 이스라엘에는 이들을 기리고, 기념하고, 높이고, 영웅으로 삼는 분위기가 있었던 것 같다.

요즘 우리나라 청소년들의 영웅은 광화문에 동상으로 서 있는 이순신 장군이나 세종대왕이 아니라, 텔레비전에 나오는 '아이돌'이다. 만약 청소년들의 장래희망을 조사해 보았더니 대부분이 연예계에 진출하여 아이돌처럼 되기를 원하고 실제로 그런 준비를 하고 있다는 통계가 나온다면, 우리는 우리나라 교육에 문제가 있다고 판단하게 될 것이다. 다윗은 그 시대에 칼을 쓰는 영웅에 대한 칭송이 지나쳐서, 남자들 대부분이 무력이 뛰어난 사람이 되기를 바라는 분위기가 온 나라 안에 팽배하다는 것을 알게 된 것이다.

힘을 숭배하는 사회

이것은 그 사회가 하나님을 신뢰하기보다는 무력을 믿는 사회가 되었다는 말이다. 우리는 다윗이 골리앗을 물리칠 때 했던 유명한 말을 기억한다. "다윗이 블레셋 사람에게 이르되 너는 칼과 창과 단창으로 내게 나아 오거니와 나는 만군의 여호와의 이름 곧 네가 모욕하는 이스라엘 군대의 하나님의 이름으로 네게 나아가노라" 사무엘상 17장 45절 그가 언제 칼과 창의 힘을 믿어 승리했던가? 그는 만군의 하나님의 힘을 믿었다. 그런데 이 인구조사는 나라 백성 전체가 하나님의 이름이 아니라 칼과 단창의 힘을 믿는 골리앗처럼 변질되어 가고 있었던 것을 보여 주었다.

칼과 창의 힘을 의지하지 않고 하나님을 믿는다는 것이, 곧 군사력이나 경제력과 같은 힘을 의미 없게 여긴다거나 무시한다는 뜻은 아니다. 하나님을 의지한다는 것은 그런 칼의 힘을 통제하는 더 높은 힘을 의지한다는 것이다. 칼을 믿는다는 것은 칼의 힘을 통제할 수 있는 영적, 도덕적인 힘이 적다는 뜻이다. 실제로 힘을 숭배하는 사회에서 가장 결핍되기 쉬운 것이 있는데, 그것은 물리적 힘을 통제하는 도덕적인 힘, 정신적인 힘이다.

그런 힘들이 결핍된 사회가 가장 위험한 사회이다. 왜 북한이 문제가 되는가? 핵을 가졌기 때문이라기보다는 그것을 통제할 도덕적인 힘이 결여되어 있기 때문이다. 「반지의 제왕」이라는 영화도 한 개인이나 집단이 어떤 강력한 힘을 추구하면서 그 강력한 힘을 다스릴 정신적 힘이 없으면 얼마나 위험한지를 보여 준다. 하나님을 믿는다는 것은 단순히 재물도 없고 직위도 없이 산다는 것이 아니라, 그런 힘을 갖고 있더라도 그것을 바르게 잘 쓸 줄을 안다는 것이다.

하나님께서는 이스라엘을 출애굽시키셔서 나라를 세우실 때 분명한 목적을 드러내셨다. "너희가 내게 대하여 제사장 나라가 되며 거룩한 백성이 되리라"출애굽기 19장 6절 제사장 나라란 무력으로 주변 나라를 위협하는 제국주의적 국가와는 반대되는 나라다. 그 나라는 아브라함에게 말씀하신 것처럼 '가서 이웃에게 복이 되는 나라'다. 그런데 지금 이스라엘 백성들은 무력이 강해지자, 무력을 의지하는 나라가 되어 가면서 그 힘을 통제할 신앙적 힘이 현저하게 약화되고 있었다. 그래서 이웃에게 복이 되어야 할 제사장 나라가 정체성이 변질되어, 주위에 위협을 주는 나라로 바뀌는 일이 일어났다. 이에 하나님께서 심판의 칼을 빼 드신 것이다.

우리가 사는 동북아 지역에서 지금 힘을 숭배하는 분위기가 점차 뚜렷해져 가고 있다. 북한이 '선군정치先軍政治: 나라의 운영에서 군대를 우선으로 하는 정치'로 돌아선 지 이미 오래다. 일본의 아베 정권도 군국주의의 부활을 꾀하면서 평화주의를 포기하고 군사력을 더 강화하며, 위안부 문제와 같은 과거의 군국주의가 낳은 그들의 과오를 왜곡해서 덮으려고 하고 있다. 시대의 상황이 군사력을 숭배하게 만들고 있다. 이렇게 군사력이 더 증가할수록 더 위험하고 살기 힘든 세상이 된다. 지금 우리 세상은 그런 세상을 향하여 가고 있다.

무력을 숭상하는 것뿐만이 아니라 경제력을 숭상하는 경우에도 마찬가지다. 새로 선출된 가톨릭 교황이 이런 말을 했다. "통제 없는 자본주의는 새로운 독재다." "집 없는 노인이 유해한 환경에 노출돼 죽는 것은 기사가 안 되고, 주식시장에서 주가가 이 포인트 떨어지는 것은 기사가 되는가?" 그는 경제적 불평등이 극심하여 해방신학을 탄생시켰던 남미에서 목회를 했기에 이전 교황과는 다른 발언을 하는 경우가 많았고, 그것 때문에 사회주의자로 오해를 받기도 한다. 하지만 이런 발언의 요점은, 이 세상이 물질의 강력한 힘을 통제하지 못한다면 매우 불행해진다는 점을 지적하는 것이다.

교회와 그리스도인이 보여 주어야 할 힘은 무엇인가? 물리적 힘을 바르게 사용하는 영적 힘을 보여 주어야 한다. 분쟁을 겪고 있는 교회를 보면, 분쟁을 주도하는 사람들은 저마다 자기를 따르는 사람들이 더 많다고 주장하며 그 세력을 보여 주려고 한다. 하지만 자기 때문에 교회가 이렇게 분쟁에 처한 것에 책임을 지는 그런 도덕적 힘을 보여 주지 못하면, 그 교회는 불신세상과 다를 바가 없다. 그런 도덕적 힘, 사랑과 인격의 힘이 필요하다.

하나님께서는 이스라엘이 제사장 나라가 되기를, 즉 이런 힘을 가진 나라가 되기를 원하셨다. 그리고 교회가 그렇게 되기를 바라신다. 성도들이 그런 사람들이 되기를 바라신다.

숫자의 함정에 빠지다

다윗이 인구조사로 발견한 죄가 또 하나 있다. 앞서 살펴본 것이 하나님보다 세속적인 힘을 숭배하는 죄였다면, 또 하나는 숫자 속에서 사람을 잃어버리는 '비인격화'의 죄다. 백성들의 상황을 객관적으로 알기 위해서 숫자로 조사하는 통계는 필요하다. 하지만 추상적인 그 숫자에 몰두하다가 사람이 인격적인 존재임을 잊어버리면 안 된다. 지도자들에게는 백성들 한 사람 한 사람의 어려운 형편에 공감하는 마음이 있어야 한다.

유진 피터슨은 다윗의 인구조사에 있는 문제를 이렇게 지적했다.

> 마귀가 하는 일은 추상적으로 생각하게 하는 것으로 사람들이 통계에 관심을 가지도록 만들고 지역사회의 조건들을 보편화된 개념으로 바꾸어 놓는 것이다. 다윗의 죄악은 수를 세는 것, 그 자체에 있는 것이 아니라 이름들을 숫자들로 대치하는 것에 있다. 실체를 설명하기 위하여 숫자를 사용하는 시도와 습관은 우리 사회 가운데 내재하는 수많은 악의 뿌리에 놓여 있다. 예를 들자면 사망자 수 통계에 감추어진 전쟁의 공포, 실업률 통계에 감추어진 가난한 자들의 생계 투쟁, 새로운 가치와 연간 수익이라는 구호성 표현들 뒤에 숨겨진 탐욕스러운 강탈 등이다. 이런 설명 절차들이 교회와 공동체와 정부의 생활을 지배하는 바로 그 순간에 거대한 악의 요소들이 사회 속을 비집고 달리면서 마구 퍼지고 그리고 종적이 모호해진다.

다윗은 자신이 한 인구조사에서 이러한 문제를 간파한다. 그리고 이 죄 때문에 천사가 백성을 치는 심판을 내리자, 그 천사를 보고 하나님께 이렇게 아뢴다. "이르되 나는 범죄하였고 악을 행하였거니와 이 양 무리는 무엇을 행하였나이까 청하건대 주의 손으로 나와 내 아버지의 집을 치소서 하니라" 사무엘하 24장 17절
여기서 다윗이 백성들을 어떻게 부르고 있는지를 주목해 보자. 조금 전까지는 통계상의 숫자로 보다가, 이제는 다시 백성들을 양이라고 부른다. 자기가 책임을 질 양떼들로, 자기가 같이 아파해야 할 인간으로, 고통을 겪는 한 사람으로 보게 된 것이다.

숫자에 가려진 인격

우리 사회에서는 어느새 사람을 숫자로 평가하는 일이 보편화되었다. 한 사람의 가치가 점수로, 연봉으로 측정된다는 것은 백성들이 이름이 있는 한 개인이 아니라 숫자로 바뀌었다는 뜻이다. 그런 사회는 가장 중요한 것을 잃은 것이다. 잃어버린 그것은 바로 '인간'이다.

왜 이런 세상이 된 것일까? 매일 저녁 늦게까지 모두들 열심히 일하는데 왜 이런 세상이 되어 가고 있는가? 인간이 존중되는 세상이 아니기 때문이다. 인격보다 숫자, 사람보다 통계수치가 더 우선이 되는 사회가 되었기 때문이다. 수익성과 효율성, 경제

지표라는 수치도 중요하지만, 그것을 중시하다가 사람을 잃어서는 안 된다.

예수님께서 하신 비유 중에 잃어버린 한 마리 양의 비유가 있다. 목자가 아흔아홉 마리의 양을 그대로 두고 잃어버린 한 마리 양을 찾으러 들판으로 갔다는 이야기다. 잃어버린 한 마리 양은 병들어 낙오된 양일 가능성이 많다. 그렇다면 건강한 아흔아홉 마리를 두고 병든 한 마리 양을 찾으러 들로 나간다는 것이 경제적으로 보면 합리적이지 못하다. 그래도 목자는 들판으로 한 마리 양을 찾으러 갔다. 이 이야기가 말하는 바가 무엇인가? 한 사람을 백 명 중의 하나라는 숫자로 여기지 않고, 무엇과도 바꿀 수 없는 소중한 인격체로 여기라는 것이다. 예수님께서는 사람을 그렇게 여기는 나라가 곧 하나님의 나라라고 가르쳐 주신다.

이런 맥락에서 볼 때 교회는 개인의 인격적 관계가 제대로 유지되지 않는 과도한 규모는 지양하는 것이 좋다. 교회가 대형화되면 결국 목회자가 사람을 숫자로 이해하게 되기 쉽다. 교회 사역이 일종의 인력 관리 업무가 되고, 사람을 인격으로 여기지 않게 된다. 그러므로 교회의 규모는 인격적인 교제를 유지할 수 있는 정도를 넘어서지 않는 것이 좋다. 그래서 한 사람 한 사람이 다 소중한 인격체로 존중받는 목양의 구조가 되어야 한다.

요즘 우리 사회에는 결손가정의 자녀들이 많다. 그들은 돌봄을 제대로 받지 못하기 쉽고, 그래서 공부도 잘 못하는 경우가 많다. 그런 까닭에 친구들 사이에서 왕따를 당하기도 한다. 그런데 지금 학교도 나라도 그런 아이들의 숫자를 세고 있을 뿐, 책임지지는 않고 있다. 그런 아이들에게 가장 먼저 해 주어야 하는 일은 그들을 이름으로 불러 주는 일이다. 귀한 인격체로 존중하여 돌보아 주어야 한다.

다윗의 인구조사로 드러난 죄는 두 가지였다. 먼저는 이스라엘이 힘을 숭배하는 나라가 되었다는 것이다. 이래서는 결코 제사장 나라가 될 수 없다. 또 하나는 숫자를 추구함으로써 비인격적인 사회가 되었다는 것이다. 이런 사회는 결코 좋은 사회가 될 수 없다. 그래서 하나님께서는 잘못된 방향으로 가고 있는 이스라엘을 붙잡아 돌려놓으신 것이다. 칼의 나라에서 제사장 나라로, 숫자의 나라에서 인격의 나라로 되돌리시며, 바른 목표로 향하도록 만드셨다.

칼의 사람에서 제사장으로

나라의 목표가 잘못 설정되면 백성들의 고통이 가중되고 확산된다. 다윗의 인구조사를 통해서 드러난 죄로 말미암아 심판이 내렸는데, 그 심판은 사흘간의 전염병 재앙이었다. 이것 때문에 칠만 명의 백성들이 죽게 된다. 왕이 나라의 바른 목표를 잃어버림으로써 수많은 백성들이 고통을 겪은 것이다. 그래서 하나님께서는 다윗도 바꾸셨다.

다윗은 칼의 사람이었다. 물론 군인으로 살면서도 열심히 기도했던 하나님의 사람이었지만, 통일왕국의 왕으로서 주위 나라들의 왕들처럼 힘을 의지하며 숫자에 빠져들려는 유혹을 받지 않을 수가 없었다. 군대가 많아지면서 하나님에 대한 믿음이 약해지고 군사력을 의지하는 사람이 될 수도 있었고, 인구수가 주는 영광에 빠져서 그것이 주는 권력의 크기에 탐닉하다가 백성 한 사람 한 사람을 잊고 살아갈 수도 있었다. 그는 칼의 사람으로, 힘을 추구하는 왕으로 끝날 수도 있었다.

기도하는 왕

그런데 다윗은 인구조사로 드러난 죄를 회개한다. 주위 나라의 왕들처럼 힘을 추구하는 왕으로 삶을 마무리할 수 있었지만, 그는 힘과 숫자를 추구하던 것에서 돌이킨다. 하나님의 심판으로 재앙을 내린 천사가 아리우나의 타작마당에 서 있는데, 다윗이 거기에 가서 그 천사를 보고서 하나님께 이렇게 기도한다. "청하건대 주의 손으로 나와 내 아버지의 집을 치소서"사무엘하 24장 17절 인구조사 사건으로 그는 백성들의 고통을 기억하는 사람, 백성들을 위하여 기도하는 사람으로 회복된 것이다.

다윗은 재앙을 내린 천사가 서 있었던 그 아리우나의 타작마당을 값을 주고 사서, 그곳에서 번제와 화목제를 드린다. "거기에서 다윗은 주님께 제단을 쌓아, 번제와 화목제를 드렸다. 다윗이 땅을 돌보아 달라고 주님께 비니, 주님께서 그의 기도를 들어주셔서, 이스라엘에 내리던 재앙이 그쳤다." 사무엘하 24장 25절, 새번역 재앙을 멈추게 한 이 타작마당이 후에 성전이 세워지는 자리가 된다. 이렇게 재앙이 그친다. 비록 다윗의 죄로 촉발된 재앙이었지만, 하나님께서는 다윗의 회개와 제사를 받으시고 회복하시는 은혜를 베푸신다. 그리고 다윗의 아들이 그 자리에 지은 성전에서 백성들 한 사람 한 사람을, 숫자가 아닌 한 인격으로 대하시며 무력이 아닌 자비와 사랑을 베푸신다.

다윗은 인생을 통틀어 많은 사건들을 겪었다. 그러한 다윗의 마지막 모습은 어떠했을까? 사무엘서는 다윗의 마지막 모습을 묘사하되, 무력으로 백성들 위에 군림하지 않고 백성들을 사랑으로 돌보며 기도하는 제사장적 인물로 기록한다. 이는 야곱이 고된 인생 여정을 거쳐서 마침내 온 세상을 위해 축복하고 기도하는 제사장 같은 인물이 되어 간 것과 같다. 인구조사 사건으로 말미암아 다윗은 칼을 든 전쟁 영웅의 모습에서, 번제와 화목제를 드려 백성들에게 임한 재앙을 멈추는 제사장 같은 인물로 승화된다.

그 모습은 왕관을 쓰고 왕좌에 앉아 권력을 휘두르는 군주의 모습이 아니다. 어떤 힘보다 오직 하나님만 의지하는 제사장, 사람을 숫자로 다루지 않고 누구나 인격체로 사랑하는 사람으로 바뀌어 갔다. 이것이 다윗의 마지막 모습이다.

지금까지 살면서 나는 어떤 존재로 바뀌어 왔는지를 생각해 본다. 이스라엘의 모습은 제사장 나라요, 다윗의 모습은 제사장 이었다. 내 속에서 나는 정말로 재물이라든지, 명예라든지 하는 그런 세상의 힘과 하나님 중에서 무엇을 더 추구하며 살았는가? 숫자의 허상에 빠지기보다 모든 사람을 인격체로 보고 사랑하기를 더 추구했는가? 바른 목표를 추구하면서 살아왔는가? 결국 마지막에 하나님께서 우리에게 물으시는 질문은 두 가지이다. 하나님을 경외했는가? 사람을 사랑했는가?

하나님께서는 다윗으로 하여금 힘이 아니라 하나님을, 숫자가 아닌 사람을 목표로 다시 추구하도록 만드심으로써, 다윗을 제사장 같은 인물이 되게 하셨다. 오늘 우리에게도 마찬가지이다. 다윗의 마지막 이야기는 우리에게 조용히 묻는다. 당신은 어떤 사람으로 바뀌어 가고 있느냐고, 그리고 어떤 목표를 추구하며 살아가고 있느냐고 말이다.